STARCODES
ASTRO
ORACLE

STARCODES
ASTRO
ORACLE

STARCODES

ASTRO

ORACLE

占星神諭
決策指引卡

│ 中文詳解專書 │

希瑟‧羅恩‧羅賓斯 (神學碩士) Heather Roan Robbins, M.Th. ‧ 著

盧卡斯‧盧雅迪蘇薩 Lucas Lua De Souza ‧ 繪　安德魯‧譯

目錄

序言 5
如何使用《占星神諭決策指引卡》.....................6
占星學的概念藍圖 16

訊息

視角

星座

1. 牡羊座 - 行動 24
2. 金牛座 - 培養 27
3. 雙子座 - 異花授粉 30
4. 巨蟹座 - 沉浸 33
5. 獅子座 - 閃耀 36
6. 處女座 - 消化 39
7. 天秤座 - 平衡 42
8. 天蠍座 - 調查 45
9. 射手座 - 擴展 48
10. 摩羯座 - 達成 51
11. 水瓶座 - 合作 54
12. 雙魚座 - 覺察 57

性質

13. 強勢位 - 優勢 60

14. 弱勢位 - 不適 63

15. 逆行 - 回顧 66

太陽活動

16. 太陽平靜期 - 澄清 69

17. 太陽閃焰 - 啟動 72

天體角色

發光體

18. 太陽 - 源頭 75

19. 月亮 - 感知 78

行星

20. 水星 - 訊息 81

21. 金星 - 摯愛 84

22. 火星 - 動作 87

23. 木星 - 豐盛 90

24. 土星 - 結構 93

25. 天王星 - 改變 96

26. 海王星 - 想像 99

27. 冥王星 - 重生 102

小行星

28. 凱龍星 - 療癒 105

29. 穀神星 - 滋養 108

30. 智神星 - 思考 111

31. 婚神星 - 夥伴關係 114

32. 灶神星 - 溫暖 117

月交點

33. 南交點 - 過去 120

34. 北交點 - 未來 123

<u>位置</u>

四軸點

35. 上升點 - 登場 126

36. 天頂 - 高峰 129

37. 下降點 - 邀請 132

38. 天底 - 根源 135

宮位

39. 第一宮 - 抵達 138

40. 第二宮 - 資源 141

41. 第三宮 - 溝通 144

42. 第四宮 - 家 147

43. 第五宮 - 熱情 150

44. 第六宮 - 永續 153

45. 第七宮 - 關係 156

46. 第八宮 - 奧祕 159

47. 第九宮 - 探索 162

48. 第十宮 - 權威 165

49. 第十一宮 - 社群 168

50. 第十二宮 - 反思 171

模式

支持相位

51. 合相 - 聯盟 174

52. 三分相／六分相 - 共生 177

挑戰相位

53. 對分相 - 對質 180

54. 四分相／八分相／補十二分相 - 緊張 183

變化狀態

55. 行運 - 氣候 186

56. 推運 - 旅程 189

致謝 192

關於作者 193

關於藝術家 194

關於譯者 195

序言

親愛的探索者，歡迎你！

《占星神諭決策指引卡》邀請你走進占星學強大的原型世界，讓它們對你說話，幫助你掌握這一刻。如果你已經是一個專業的占星師，直接聆聽牌卡就可以了。但即便你不了解占星學，也能使用這副直觀的牌：圖像會自己說話，而這本說明書擁有詳細的資訊以及初步的概念，都能供你思考。

當你使用這些牌卡時，你將熟悉這門古老科學關鍵的組成部分：占星學的詞彙。你對每個符號的理解會自然加深，你的解讀也會變得更豐富。如果你想學習研究星盤，那麼透過這本書，你將更能掌握其中術語、概念與星座之間的關係，宛如相識已久的老友一樣熟悉它們。

希瑟・羅恩・羅賓斯

如何使用
《占星神諭決策指引卡》

這副牌在結構上分為四大類：

1. 視角（Lenses）包括你看待這個世界時所用到的
   星座、性質與能量層級。這些視角牌能夠擴大你
   看待現況時的「光圈」，並協助你用不同的視角
   看待眼前的問題。

2. 天體角色（Celestial Characters）是在你的星盤
   中表現出來的個性或原型。這些牌描述了哪種原
   型被你的問題所啟動，以及你可以調用什麼力
   量，針對你所收到的指引採取行動。

3. 位置（Locations）包括在你星盤上的點，例如上
   升點、下降點與宮位，這些都代表你生命中在當
   下受到啟動，且需要密切關注的範疇。

4. 模式（Patterns）描述了原型之間的關係，並能
   檢視你的現況是否屬於後天觸發的外部事件，抑
   或是你靈魂藍圖中預先設定好的成長功課。

針對每次解讀

當你進入冥想或夢境時，你能夠平息你忙碌心智的洶湧漩渦，從表面往下潛入知曉（knowing）的深潭——你的直覺。在那裡，你的靈魂與源頭之海相連。直覺透過符號、圖像、模式、細微差異（nuance）與感覺，以靈魂能夠理解的語言向我們所有人說話。喧鬧的情緒和日常生活中粗暴的雜音，使你很難聽到自己的直覺。每當你強烈關心某個結果時，你的希望與恐懼就會和你的想像互相混雜，蒙蔽你的直覺。神諭卡這類的占卜工具能夠提供一個羅盤，引導你穿越這些混濁的感覺。現在就向神諭卡提出一個清晰且集中的問題，並以開放的心態用心聆聽吧。

1. 校準自己，並為自己設定一個明確意圖。轉向你內在的智慧，花點時間清理思緒，讓自己平靜下來。有些人會與祖先或神靈對話，有些人則選擇在淨化空間、點燃藥草之後，與內心更高的力量對話。無論你選擇的是哪一種體系，找出你自己最熟悉、最習慣使用的方式，進入讓自己平靜的空間。

2. **擬定一個明確的問題。**只要問題夠清楚,你一定會得到答案。但如果你不清楚問題,就很難詮釋結果。問出你內心深處最想問的問題,因為占卜往往會先回答讓你情感負荷最大的問題。要清楚具體,靈性層面的語言可以很直白。

3. **決定你的抽牌方式。**思考你的問題,然後決定抽牌方式,以及牌陣形態。你可以選擇切牌:把牌分成兩疊,然後拿取第二疊最上面的那一張。你也可以選牌:將所有牌以牌背朝上狀態全部攤開,直接選擇你直覺要選的那張牌。你也可以自創特定的模式來擺牌抽牌,總之,你要讓正確的牌有方法能與你相會。當你洗牌時,讓你的明確意圖與神聖的隨機性(divine randomness)交融。然後,任由你的手去選擇,不要過度思考。

4. **詮釋結果並查閱說明書。**消化這些符號,閱讀它們的涵義,讓它們成為你想像力的種子,思索牌卡如何回答你的問題。這本說明書詳細闡述了每個符號所代表的意義、你能從中習得的禮物,以及你應該採取的行動、你即將面臨的挑戰。如果這個

符號在你問題的脈絡中看似沒有意義，它可能是你很快就會需要的諭示，就像新聞台的報導：「我們插播一則重要訊息……」把它寫下來，好讓你日後觀察是否有與這個諭示相吻合的情況出現。然後再洗牌，針對你的主要問題再抽一張牌。如果你讀完了說明文字，還想知道更多相關資訊，你可以在其他地方研究你抽到的符號和它所代表的意義。你所學到的任何關於占星的知識，都可以應用到這些牌卡上。

5. 解讀逆位牌（上下顛倒的牌）。每一枚硬幣都有兩面，每張牌都有兩個方向。從明亮與正向到黑暗與挑戰，每張牌都涵蓋了一個光譜。當你抽到正位牌，請主要閱讀「禮物訊息」，它顯示了天賦的禮物。而當你抽到逆位牌（上下顛倒的牌），請主要閱讀「挑戰訊息」，它顯示了阻力或是課題。

6. 微調你的解讀。在筆記本上記下你的問題和答案，並將它們與正在發生的事件進行對照。確認你的問題是否得到了明確的答案。如果沒有，你下次該如何更準確有效地提出問題？若你需要一段時

間來消化牌面的資訊，不要擔心；只要讓你的內在智慧知道你有在聽就可以了。

光譜

　　占星學中的每個星座、相位、宮位、行星和象徵性的成分，都在描述一個光譜的呈現：從它的天賦禮物，到它的實際表現，再到它的挑戰性質。抽牌時，你無法有意識選擇你的牌面、星盤、行運或推運：它們在你隨機抽牌時就已經在運轉，或者也可以說，在你出生時就開始運轉。你可以選擇的，是你在該光譜上的行動。面對一個相位、符號或位置所呈現出的挑戰與課題，你可以在「禮物訊息」中找到最好的治療處方。例如，如果你抽到〈火星〉（或眼下此刻你的本命火星正被行運或推運所啟動），你可能會感受到火星的挑戰面：沮喪、脾氣暴躁，甚至容易發生事故。如果是這樣的話，倚靠火星的天賦禮物會有幫助：鍛鍊肌肉直到疲累為止、協助緊急救援行動，或是大膽前往你從未去過的地方，你會感覺好很多。與整個星象光譜協同合作，能幫助你優化每個行動選擇。

解讀方法

你可以用這副牌來：

- **直達問題核心。** 冥想，並專注祈求得到你在此
  刻所需要的牌。抽出一張牌來了解眼前的問題
  或情況的核心本質，以及最佳處方。讓這個符
  號陪伴你，消化它、研究它，看看它將如何適
  用於你當前的處境。

- **輔助你做決定。** 如果你必須做出選擇，請在你
  心裡記住問題，以及你可以做出的不同選擇項
  目。為每種選擇項目抽一張牌，然後比較結
  果。閱讀說明文，評估哪條路讓你感覺最舒
  服、最有成效，而且最能符合你的意圖。

- **解釋複雜問題。** 當你需要更多的資訊，而非簡
  單抽一張牌就能解決的時候，也能適用。

- **設計富含視覺效果的占星教學工具。** 你可以用
  牌卡來擺出你的本命星盤。首先，將 12 張宮位
  牌依序擺成一圈，以呼應星盤上的宮位位置。

再來，在象徵這些宮位的各自空間裡，置入黃道星座。你可以在 Astro.com 上免費找到自己的星盤圖。將黃道 12 星座牌（牡羊座、天秤座等）放在你個人的宮位空間裡。然後，將行星牌也放在這些宮位空間裡，使畫面呈現如同你實際的星盤圖。最後，用相位牌來強化理解這些行星之間的關係。你也可以用這種模式來觀想目前的行運星盤，或是用它們來觀想朋友或客戶的星盤。

- **與牌卡對話。** 與任何占卜卡一樣，你可以與這些牌卡進行對話。問一個清楚的問題，抽一張牌，從牌面上讀取答案。再形成一個待釐清的問題，再抽牌，再解讀答案。持續你與牌卡的對話，直到你獲得所需要的資訊為止。

牌陣

占星讀句

把這副牌依照類別分類，再從每組中抽出一張牌，然後像讀句子一樣讀出結果。

1. 視角
2. 天體角色
3. 位置
4. 模式

　　例如，如果我問我可以做什麼來強化我的感情關係，而我抽出天秤座（視角）、穀神星（天體角色）、第九宮（位置）以及推運（模式），我可以這樣詮釋答案：為了強化我的感情生活，我

需要（天秤座）在這種情況下發揮一些領導作用，並透過仁慈、平衡的夥伴關係的視角來看待它：尋找對我們兩個人來說真正公平的事物。如果我（穀神星）實踐充滿滋養的關懷，用美好的食物餵養我的伴侶，以直接的柔情來培育關係，我的關係將得以進一步強化。現在是從更大的格局出發（第九宮）的時候，一起學習某些東西、旅行、在專案中合作，或是對我們的關係經營採取更哲學、遠大的觀點：換句話說，把關係的熱度降下來，學會為一個共同的目標合作。這個模式不是一個只需要去學著接受的過渡階段，這個模式是（推運）我靈魂成長重要的一部分，而且需要以積極主動的方式去達成。

方位盤

抽出四張牌，按逆時針方向排列：第一張在左邊，第二張在下面，第三張在右邊，第四張在上面。

1. 上升點：問題如何呈現
2. 天底：問題的根源

3. 下降點：其他主角，還有誰影響了這種情況，以及如何與他們打交道

4. 指引：成熟或專業的問題處理方式，以及如何得出結論

占星學的概念藍圖

占星術是一門古老的藝術，已有數千年的歷史。大多數的占星術語源自羅馬和希臘神話，但這些原型可以在世界各地的神話中找到，這些原型人物的每個版本都能夠為你的理解增添一個新的面向。當人類發明了望遠鏡之後，占星術經歷了一場革命。隨著新天體的發現，新的行星角色開始被納入傳統的占星術中。

現代占星師解盤時會使用到外行星，也就是那些只用望遠鏡才能看到的行星（天王星、海王星和冥王星），以及火星和木星之間的小行星帶中較大的小行星。例如，凱龍星位於土星和天王星之間，是可見行星與外行星的橋梁。某些星座會有兩顆行星並列為守護星，一顆來自望遠鏡出現之前的傳統占星術，另一顆則來自望遠鏡出現後才發現的外行星。這兩顆行星都包含了該星座本質的某個面向。

本命盤（Natal Chart）：當一個人出生的那一刻，他的出生地點與天上所有行星形成相對位置，占星師會將這張關係圖拍成一張快照。這就是你的本命盤；在你出生的那一刻，一切已留下印記，並與你的一生產生共鳴。它不會改變，但你個人在當中的表現會不斷進化。你可以把自己的命盤想像成你的樂器，例如：你的鋼琴。

黃道十二宮（The Zodiac）：太陽為我們提供能量，提振我們，而且就像音量控制鍵，能調控所有面向的能量。太陽的活動週期有些不可預測；它的波動週期大約為 11 年，但也可以延長到數十年，它可以和煦明亮，也可以是造成極光的太陽風暴。太陽週期與地球上的歷史波動是同步的。

　　天空中有一條由太陽的軌跡定義的道路，貫穿南北四季。黃道十二宮就在這條路上，我們看到月亮、行星和小行星在這條路上運行。春、秋分點和夏、冬至點標誌著季節的分野與星座的變化。大約從一個月的 20 號到下個月的 20 號，太陽會走過每一個占星學概念上的星座。

星座（Sign）：一個星座的作用，就像舞臺燈光上的一個鏡頭或濾網；星座替經它的行星的光著色，為該行星的能量注入該星座的本質。每當有人問你的星座時，他們是在問你出生那天太陽是透過哪個鏡頭照射的。每個星座都是一種模式（或其在某個季節中的位置）和一種元素的獨特組合。

模式（Modality）：一個星座在某個季節中的位置——基本、固定或變動。

- **基本（Cardinal）**每個季節都以一個強盛、開創的基本星座開始，充滿了啟動和激勵的能量。牡羊座、巨蟹座、天秤座和摩羯座是基本星座。在北半球，牡羊座帶來春天，巨蟹座帶來夏天，天秤座帶來秋天，而摩羯座帶來冬天。南半球的季節則相反。

- **固定（Fixed）**每個季節中心的星座都是固定的，提供持久性、中心化、耐受力和穩定性的禮物。金牛座、獅子座、天蠍座和水瓶座是固定星座。在北半球，金牛座是春天的中心，獅子座是

夏天，天蠍座是秋天，而水瓶座是冬天。在南半球，金牛座是秋天的中心，獅子座是冬天，天蠍座是春天，而水瓶座是夏天。

- 變動（Mutable）隨著氣候在一個季節和另一個季節之間的變化，變動星座意味著多變：調整、解釋與改變的能力。雙子座、處女座、射手座和雙魚座是變動星座。在北半球，雙子座讓我們從春天過渡到夏天，處女座是夏天到秋天，射手座是秋天到冬天，而雙魚座是冬天到春天。南半球的季節則相反。

元素（Element）：回想一下，你在生活中面對四大元素的能量，是否有過獨特的個人體驗？感受它們各自不同的表現範疇，並善用它們來加深你對牌卡的解釋。

- 火（Fire）是溫暖與啟蒙的，但可能會過度燃燒而造成危險，能量在牡羊座、獅子座和射手座中引發共鳴。

- 土（Earth）是接地與支持性的，但可能是沉重

的，能量在金牛座、處女座和摩羯座中發揮影響。

- 風（Air）是寬敞與鼓舞人心的，但本身沒有實體，能量透過雙子座、天秤座和水瓶座來提升。

- 水（Water）是流動且走得很深的，但過多的話會淹沒我們，能量透過巨蟹座、天蠍座和雙魚座流淌著。

極性（Polarity）：元素是按極性分組的：陰或陽。同一極性的兩顆行星很容易彼此理解與熟悉；它們在一起能夠形成舒適的相位。從那些太陽或月亮星座與你相同極性的人身上，你可能會找到最輕鬆自在的相處模式。但請記住，舒適並不一定能帶來成長。

- 陽（Yang）是外向、朝外在移動、行動導向的，傳統上是男性的；火象和風象星座屬陽。

- 陰（Yin）是內向、內省、接受的，傳統上是女性的；水象和土象星座屬陰。

宮位（Houses）：你可以把星盤看成是一個村莊的地圖，這個村莊既描述了你的心理景觀，也描述了你生活中的不同領域。占星師將星盤分為 12 個部分，稱之為宮位，從上升點開始，逆時針依序編號第 1 宮至第 12 宮。它們雖是純粹的抽象概念，但能提供我們非常大量的資訊。

變化狀態（Changing States）：占星師最常使用行運和推運來觀察你生活中不斷變化的狀態。如果你的本命盤是你的鋼琴，那麼這些變化狀態就像是你在鋼琴上所演奏的音樂。

• 行運（Transits）標誌著行星今天所處的位置——當下星象的氣候狀況——以及它們與你的星盤的互動情況，特別是行星現在穿越哪個宮位，以及它在你的星盤中啟動了哪個點。

• 推運（Progressions）勾勒出你生活中巨大、廣闊的景觀。在你出生那一刻之後，行星持續移動著。它們在你生命的頭幾個月裡所形成的模式，已經根植於你的靈魂。在你的一生中，你以大約

一年等同一天的速度實現這個模式，所以在你生命的第十天與第十年、第四十天與第四十年之間存在著一種關係，依此類推[1]。

相位（Aspects）：當行星形成幾何圖案或相位時，它們開始一起協作，創造出一個像音樂和弦一樣的能量場。

- 支持相位（Supportive Aspects）這些相位——例如合相與三分相——就像哥兒們電影（buddy movie）中的兩個好友：他們彼此了解、互相支持，但他們可能無法砥礪彼此，鞭策推動彼此成長。

- 挑戰相位（Challenging Aspects）例如對分相與四分相，這些模式就像一個嚴格的武術老師：它們不會讓你感覺輕鬆，但它們的訓練可以鍛鍊你。

1　即占星學中的二次推運法，方法是將出生後第二天同一時刻的行星位置及其關係繪製成星盤，用來預測出生後第二年的運勢，依此類推。

占星訊息

I
牡羊座
行動

　　牡羊座要求你記住你的個人火焰，你活著的理由。它提高了你生命力的音量：它的能量是原始、振奮、直接、粗魯、熱情的，而且在尋找挑戰。用你的智慧來集中這種原始的力量，給它一個目標。牡羊座是基本的火象星座，一頭任性好鬥的公羊，展現了新鮮、粗暴的熱情。它掌管頭部，並擁有啟

動、新開始、衝動、反叛與重生的涵義。太陽在 3 月 20 日至 4 月 20 日照耀牡羊座。

行動指引

　　開始。進入新的領域。切入正題。成為一個英雄。感受行動的召喚，並謹慎做出回應。清除不必要的一切，做好事前準備。乾脆俐落，一針見血，從容不迫。活出朝氣與光采，你就能設定好讓身心健康的界限。熱情地、衝動地、充滿激情地表達愛意。迅速簡潔完成手上工作，強調瞬間的爆發力，而非長時間的深度集中。

　　牡羊座啟動了我們內心的青春期。直接的命令，可能會引發自動反射性的叛逆。與其告訴別人該怎麼做，或告訴他們該如何感受，不如表達你自己的經驗與觀點，用「我⋯⋯」的方式說話。替對方設立一個任務或目標，讓他們找到屬於自己的答案。確保各方都感到被好好傾聽。如果一個人在滿足自己需求和滿足別人的需求之間感到糾結，他一定會先照顧自己的需求，有餘力再去照顧他人的需求。請不要把這看作是非此即彼的情況。牡羊座的

能量很快就會沸騰起來；如果情況有爆發衝突的危險，就先離開、休息一下，之後再回來。

挑戰訊息（當牌呈逆位）

當你匆匆忙忙，急於完成一個專案，或是不耐煩分心時，事故會增加。這種易燃的氣質能夠激發靈感，但也能引發大火；請謹慎行事。

禮物訊息（當牌呈正位）

牡羊座標誌著北半球春天的開始；經過漫長的黑暗冬季，死氣沉沉的景象開始活躍起來。被剪去枝葉或曾休眠的植物，現在呼吸著全新的空氣與生命。這是一個勇敢的奇蹟，它也可以是你的奇蹟。感受流動的內在生命力，信任這個神聖的方向，並鼓起勇氣開始吧。

2
金牛座
培養

　　金牛座要求你靜下心來，挖掘，扎根，並隨著時間演進而茁壯。以實際的方式顯化你想要的。金牛座的標誌是一頭站在田地裡的公牛，掌管頸部和聲音。它的目的是透過種植野花與農作物，藉由我們的肌肉力量和身體的感官潛力，以及透過我們物質資源的穩固性，將生命轉化為物質形態。太陽在

4 月 21 日至 5 月 20 日照耀金牛座。

行動指引

　　用園藝的比喻來工作。耕地，播種，用水和肥料培育作物，並保護這些作物不受到捕食。生根，而非旅行。調查你的計畫應該採取什麼具體形式，確認朝這個方向發展的下一個實際步驟。欣賞你的感官；留意你的所見、所聞、所聽、所感與所嚐的東西。用這些感官來活在當下，允許時間自然流逝。去擁抱，去哺育。

　　在一段關係中，傾聽身體的化學信號，同時注意你生活中的實際情況，給關係一片肥沃的土地去生長發展。好好照顧這座花園。就像一朵在陽光下緩慢成長的花，在這一刻找到滿足感。探索情況的根源，找出是什麼餵養這個想法，或是什麼在餵養你的靈魂。如果你感覺被推著走，就坐下來，按兵不動，扎下根來，等待風暴從你身邊遠離。不要著急。就像在種植、照料你的作物一樣，要從長計議。

挑戰訊息（當牌呈逆位）

　　金牛座的過度能量，可能導致你把固執誤認為力量，或是在物質世界中尋找靈性與情感的答案。但永遠不會有足夠的物質能填補情感的空白。感官欲望的享受是金牛座的強項，但光靠性愛無法滿足對愛的渴望。要釐清你饑渴的緣由。

禮物訊息（當牌呈正位）

　　你周遭的一切都由物質組成，「物質」一詞來自拉丁語的 mater 或 mother。金牛座將你與神聖的大地母親蓋婭（Gaia）本身聯繫起來，她就像是實體的容器，在身體、植物和我們腳下的大地中，裝載著靈（Spirit）。

3
雙子座
異花授粉

雙子座的標誌是一對雙胞胎在對話，它要求我們用幽默和各種形式的溝通來編織連結之網，建立網路。這個變動的風象星座由水星守護，與肺部、肩膀、手和神經有關。雙子座的使命是像乳薊（Milk thistle）一樣在春風中散播思想，像蜜蜂在花叢中忙碌飛舞，進行異花授粉。太陽在 5 月 21

日至 6 月 21 日照耀雙子座。

行動指引

言語是你所面臨問題的核心，而且不是隻字片語，而是真正的對話。如果你感到情況緊張，看看是什麼阻礙了溝通的管道，並試著去疏通它。聽取小道消息，交叉傳播。收集並分享資訊：真理的碎片可能就漂浮在八卦中。探索社群媒體、演講或報導的片段，以及任何其他方式的資訊。與人交談時，視他們如你的兄弟姊妹，要做到真正的平等。如果有什麼事情困擾著你，找一個地方仔細研究端詳它；然後與朋友或治療師深入交談（或寫在日記裡）。信任自我表達的過程。這個過程能幫助你找到問題的根源。

然而，你得有所心理準備：你說的任何話都可能會被傳開。雙子座會散播種子，不注重隱私，而且不一定忠誠。

挑戰訊息（當牌呈逆位）

情況可能比你想像的還要複雜，所以你要願

意深入鑽研。雙子座的能量可能是淺薄且過度簡化的，因為它強調廣度而非深度，所以你必須有意識地增加深度。

禮物訊息（當牌呈正位）

雙子座帶來的禮物是一個開放的心態、寬廣的視角，以及一種四海皆兄弟、世界大同的感覺。我們所有人休戚與共。如果我們讓各個方面都進行溝通，靈魂就會知道如何回到自己的平衡點。要試圖讓社群內部沒有表達出來的情緒、人和元素，都能夠被聽見。

4
巨蟹座
沉浸

　　巨蟹座的象徵是一隻螃蟹，它要求我們潛入情緒的海洋深處，然後再返回家中。然而，螃蟹總是帶著它的保護殼。巨蟹座由月亮守護，是基本的水象星座，象徵著身體內外的營養，與乳房和胃部有關。太陽在 6 月 21 日至 7 月 22 日照耀巨蟹座。

行動指引

　　成為感性的領導者，與父母的原型連結。如果你需要養育自己，就向神聖的母親與父親，向天空下的大地求援，去感覺自己被溫柔接住。一旦你感覺受到靈的哺育，就會更慈悲接納你周遭人們身為普通人，也有他們力有未逮之處。

　　如果你受到召喚去養育他人，無論在愛情或是在工作中，採用平衡的方法：誠實的回饋與支持他人，同時記得照顧自己。滋養，而不幫忙促成。你希望別人怎麼做，你就以身作則。

　　在你所選擇的家庭、部落和你之間，有一道聯繫。去滋養它。滋養身體、花園、社群和你信仰的核心。巨蟹座呼籲我們加深與家庭的關係，但不要陷在這個保護殼裡。如果你需要從生活中獲得更多，你將不得不離開這個安全的庇護去尋找你需要的東西。在你的靈魂中找到一個基地或安全的地方，在這裡準備好去勇敢探索，去冒險，去全心全意付出你對世界的關懷。

挑戰訊息（當牌呈逆位）

　　螃蟹外表堅硬，但內部柔軟有彈性。記住，你認為能保證自身安全的防禦措施，實際上可能會把重要的人擋在外面。軟化你的外殼吧：你有脊椎骨，不是只能靠外骨骼來保護自己。

禮物訊息（當牌呈正位）

　　你的內在有一個心理的深潭，而你正漂浮於其中。如果你感覺受到情緒的翻攪，或被你周遭人們的焦慮所干擾，請潛入更深的地方，找到其下的平靜。漂浮在集體意識的海洋中，感覺自己被輕柔抱著，受到神聖母親的滋養，讓自己被哺育，被擁抱。

5
獅子座
閃耀

　　為所有人的利益發光發熱吧！獅子座的象徵就是一頭獅子，牠要求你勇敢。現身，走到人群前，發自內心真誠分享，並溫暖你周遭所有的人。獅子座是一個由太陽守護的固定火象星座，與心臟、肝臟和上背部有關。太陽在 7 月 21 日至 8 月 22 日照耀獅子座。

行動指引

　　抓住你的表現機會，艷驚全場。讓自己被看見，照亮整個房間，但也要尊重他人的光。獅子座要求你成為溫暖眾人、驅動全局的關鍵之火。攫取別人的注意力，這不僅是為了你個人的自我，也是為了眾人的利益，就像一名演員或老師常做的那樣。溫暖人們的生活，讓人們願意聚集在你身邊，分享他們的故事。站在陽光下，用愛培養你的社群，分享你文化的財富：藉由活出最充實的生命來翻新你的靈魂。

　　要誠實表達，而不必謙虛。將情況戲劇化，藉此表達你的觀點：適度運用誇飾，並確保以真相作結。將你的表達和創作手法，與真實的感受和絕對的事實連結起來。教導；分享；對你所知道的、所是的、所擁有的，慷慨解囊。這些行動會帶來你所需要的愛與讚賞。關注自己，然後向他人也提供同樣程度的關注，他們會因此愛上你；人們會深深感激你看見他們。學習何時發光，何時退後一步，何時以另一個人、想法或社群為中心，去展現一切。

挑戰訊息（當牌呈逆位）

　　如果你的出發點，來自於靈魂的饑渴與空洞，你會錯誤地認為：來自他人的任何關注，都能填補這個空洞。然而，不是所有的關注都是好的關注。固執、害怕出錯，或盲目渴求成為領導者，都可能使你看不到你真正需要的事物。八點檔的通俗劇碼，會使你與真實的感受脫節。

禮物訊息（當牌呈正位）

　　愛。獅子座掌管心臟，所以請把你的能量和意圖帶到你的心裡，讓心輪這個脈輪成為一座燈塔。榮耀你所遇到的每個人的內心，然後看著關係的動力結構開始發生轉變吧。

6

處女座
消化

變動的土象星座處女座，由一個女人／女神拿著一束麥子為象徵，並由水星所守護。小麥只有在穀粒從穀糠中揀出來後，才能養活眾人。處女座與神經系統和腸道有關，而腸道的工作則是將營養物質與廢棄物進行分類。太陽在 8 月 21 日至 9 月 21 日照耀處女座。

行動指引

　　尋找穀粒，去除穀糠。除草、收穫、分類。無論你問的是一段關係、一個工作專案，還是你工作中與人相關的事物，在這種情況下，有些東西需要被分類、編輯或重組，以便帶來收穫。處女座希望你具體一點，整理並去除一個習慣（而非遠離一個人），改變你與他人的互動方式（不一定是與特定某人的互動方式）。審視情況，找出需要去除與調整的事物，重整施肥的模式，確定哪些種子需要保存到下一次或在下一季播種。與其只關注缺點，不如欣賞每個互動、每個機會與每個人的寶貴之處。真正吸收其價值和奇蹟，並藉此得到療癒。

　　現在可能是反省休息的時刻，你需要在自我照護上下點工夫。檢視你的飲食與健康習慣，看看有什麼需要改進的地方。讓自己更有活力吧！

挑戰訊息（當牌呈逆位）

　　如果你只是在花園裡除草，而不種植或栽培，你所擁有的將只是一個空的花床。沒有創作的編輯，並不會為你帶來任何內容。有時你必須要求內

心的編輯休息一下，讓創作過程流動起來（然後讓編輯清理與拋光）。

禮物訊息（當牌呈正位）

　　這是個輝煌複雜的世界。處女座鼓勵我們看到細節是如何結合在一起，樹葉和樹枝是如何組成一片森林。光與影共同創造了我們對整體的印象。與其去檢討評判部分的價值，不如關注每個部分所發揮的必要作用。穀糠保護小麥，使其能夠生長，因此，即使不能食用也有其價值。不要只用你的頭腦來感知，而是用頭腦、心與靈魂一同來感知。

7
天秤座
平衡

天秤座要求我們強化所有的關係，注入正義、公平、平等、溝通、合理，以及些許優雅。基本的風象星座天秤座由金星所守護，其象徵是一個平衡的秤。天秤座與腎臟、內分泌系統有關，任何讓身體進入平衡狀態的方式也都與天秤座有關。太陽在9月22日至10月21日照耀天秤座。

行動指引

　　在慈悲與使命中注入美感，而美感則來自於平衡的構圖。要為眼下的情況帶來真正的平衡，就必須透過社會正義的視角來看待它，探究什麼才是明確的公平。評估你的價值，評估其他人的價值，並找到折衷的辦法。去意識到自己是否存有任何個人的偏見：無論你是否認為自己的意見比別人的更重要，或認為別人的意見比你的更重要。請重複誦讀這句話：「沒有正義，就沒有和平。了解正義，就了解和平。」

　　要公平、直截了當、表示讚賞、要和善。觀察整個情況，以便創造更好的構圖：平衡顏色、光線、形狀與形式。確保在這種關係中的每個人都感覺受到傾聽。察覺眼下局面中現有的美，問自己如何才能帶來更多的美。探索藝術、音樂與韻律之美。感受表達的快樂，讓你的靈魂接受這種強大的醫治處方。

　　無論在工作中、在家裡，還是在你的愛情生活中，你都需要對等的夥伴關係。當你創造美與平

衡時，你可能會召喚新的人出現，他們也想和你共舞。在公平競爭的前提下與他們交手，探索你們能聯手成就什麼。

挑戰訊息（當牌呈逆位）

有時需要爆發衝突，才能重新建立健康的平衡：壓抑衝突，並不是真的和平。美是會誤導人的，可愛迷人的魅力必須表達出更深層的美與一顆慈悲的心，否則單靠美學本身，一切會變得空洞、不完整。

禮物訊息（當牌呈正位）

納瓦霍人將「美的道路」（Beauty Way）稱為「在平衡中生活的道路」：在與彼此之間、與自然界的循環之間、與圍繞我們的生態系統之中，以及與靈之間的正確關係中生活。讓這條美的道路召喚你吧。

8
天蠍座
調查

天蠍座要求你深潛，觸及你靈魂的泉源。天蠍座的象徵是老鷹和蠍子，因為這個星座既能喚起老鷹的高瞻遠矚，又能喚起蠍子鑽進事物深層的能力。固定的水象星座天蠍座在傳統占星學中由火星守護，在現代占星學中則由冥王星共同守護。它與骨盆和海底輪有關。太陽在 10 月 22 日至 11 月 21

日照耀天蠍座。

行動指引

　　放下假設，提出問題。探究某個謎團吧；深入井底，而非滿足於表面。觀察事物表面之下的情況，保持好奇，因為眼下的情況值得一些深究。不要只看表面的價值。去探究是什麼有意識或者無意識推動了眼前的狀況。去察覺現場可能存在的性的張力，以及它們所扮演的角色。想像最壞的情況，使你能夠做好準備，然後在足夠的安全感下，去積極創造最好的情況。準備好改變與轉化目前的局面。最重要的關鍵是：全神貫注。

　　把你的底牌放在胸前，深藏不露；現在是收集資訊、了解事實、利用這些素材工作和省思的時候。聽取單純的事實和自己的直覺，而不是聽別人的意見。只有在你準備好的時候才分享。珍惜獨處的時刻：一旦你學會了獨處，你就會更懂得如何與人協調。在你的靈魂深處，是你與無限的連結：去找到它。

挑戰訊息（當牌呈逆位）

　　質疑一切，包括你自己的擔憂。嫉妒和占有欲會消耗你的能量，浪費你的時間。在觸發你的防禦機制——蠍子的刺——之前，問問自己：這種反應，是否能讓你得到你真正需要的東西。

禮物訊息（當牌呈正位）

　　蛻變。天蠍座帶給你力量與好奇心，讓你去探究深處，直面你內心深處的怪物，然後才有可能飛翔到新的高度，改變現狀。去感受你內在的深井，連結集體意識的源頭。

9
射手座
擴展

　　射手座要求我們胸懷大志，遠行，利用我們的不安於室與好奇心來進行創造。作為一個變動的火象星座，射手座的象徵是半人馬（半人半馬），它是人類與自然和野生世界之間連結的縮影。射手座由富含擴張性質的木星所守護，掌管大腿，即推動我們運動的肌肉。太陽在 11 月 22 日至 12 月 21

日照耀射手座。

行動指引

你有兩個必須履行的責任：擴展你的視角，以及謙遜地說出你的真相。因此，要讓你的視角變得多元、充滿彈性，並保持對真相的熱情。實際展開一場遠行，或在你的頭腦中展開一場旅行，為眼前狀況探索更遠大的、更哲學性的或形上學的視角。想像你站在山頂上；從高空俯視你的生活。現在再進一步，像太空人一樣，俯視我們所處的這顆藍綠色地球。在這個視角，你不會看到國家之間的邊界。你是地球村的公民。改變你的生活形態，來反映這個現實吧。

說出你的真相。記住「國王的新衣」這則童話。一對騙子來到國王的宮殿，聲稱能做出全世界最漂亮的服裝。他們說，唯獨有內涵的人才能看到他們的作品；粗俗無能的人是看不到衣服的。在宮殿裡，沒有人願意承認他們看不到這件所謂的華服，最後國王決定穿上他的新衣服來遊行示眾。只有一個誠實、射手座風格的男孩毫不客氣地開口，

說出了顯而易見的事實:「國王赤身露體」,因而打破了魔咒。想想你需要打破什麼魔咒,然後說出來吧。

挑戰訊息(當牌呈逆位)

　　你看到了,並不意味你必須說出來。時機與步調才是關鍵。要誠實而不是刻薄;想想你要說的話是否明智、仁慈、必要以及真實。小心所謂的「地理療法」(geographic cure),也就是相信「旅行可以解決任何問題」,因為無論你走到哪裡,你的人也還是在那裡。

禮物訊息(當牌呈正位)

　　尊重你所有的關係。射手座提醒我們,我們與所有生命之間——無論是兩腳的、四腳的、多腳的、有翼的、有鱗的和有鰭的——都有連結,而這份連結也與我們的靈性道路相連。

10
摩羯座
達成

　　摩羯座要求我們潛入集體意識的海洋深處，找到一個充滿價值的夢想，然後為其努力，將它帶往頂峰。摩羯座是基本土象星座，由土星所守護。它的象徵是一隻「半魚羊」（mer-goat，一半是海洋生物，一半是山羊）。摩羯座與我們的骨骼和膝蓋有關，這是我們用來登山、爬樓梯、實現目標的重

要配備。太陽在 12 月 21 日至 1 月 20 日照耀摩羯座。

行動指引

　　眼下局勢需要一個良好健康的結構，一個你可以穩固建設的基礎。摩羯座帶給我們野心、動力、決心、意志力與精確性；當這些特質與誠信相結合，就會產生領導的才能。半魚羊提醒我們：要潛入靈的領域，進入夢的世界，來獲得願景；為了眾生的利益，進行必要的工作來顯化它。找到動力，設定目標，並帶著誠信來建設。

　　山羊很容易爬上爬下，但在平地上就不那麼舒服了。當你感到生活平淡無奇、事情看不到進展時，摩羯座的能量會讓你感到特別沮喪。如果你不能捕魚，那就補網；找出現在能做的事情，建立一個專案計畫。制定能夠幫助你達成中期目標的短期計畫，隨著時間推演，你會確實看見自己在前進。你的每一步都值得鼓勵。

　　摩羯座鼓勵你練習技能，發展靈性紀律。學會

控制自己，而非控制別人：領導，而非發號施令。尋求長輩或專家的指導，增長你的個人權威。透過你的代表作來培養自信：去觀察、品味你實際做過的事，而非只是觀望那些你認為自己能做或不能做的事。

挑戰訊息（當牌呈逆位）

留意權力的動態。如果沒有誠信，摩羯座的野心可能會引發粗暴的操縱行為。感到焦慮時，更要特別留心愛控制或愛操縱的傾向。不要只會欽羨別人的工作才能。不如好好利用這份欽羨來啟發你自己的才能。

禮物訊息（當牌呈正位）

隨著時間演進，經驗逐漸累積成熟，智慧增長了，與靈性紀律之間的連結也加深了。這是摩羯座的天賦才能，為我們的進化提供了良好的基礎。

♒
水瓶座
合作

水瓶座的象徵不是水，而是盛水的人：取水、運水、倒水的人，他們為社會提供了偉大的服務。水瓶座在傳統占星學中由土星守護，在現代占星學中由天王星共同守護，並與腳踝有關，因為我們在談話中，會將腳踝轉向我們的談話對象。太陽在 1 月 21 日至 2 月 20 日照耀水瓶座。

行動指引

　　按照你的理念來生活。水瓶座的傳統守護者土星要求我們了解社會對我們的期望，關心我們的聲譽。然而，水瓶座的共同守護者天王星鼓勵我們將自己從傳統或他人的意見中解放出來，並要能夠跳出框架去思考。是的，這感覺可能很弔詭，但它提供了健康的張力，來讓你體現真正的你。了解世界的規則，並在此基礎上進行你個人的創新。為了達到這種自由的境界，請深入你的處世哲學，它是你的「操作手冊」，你要確保它同時具有靈活與真實的特性。當你的世界觀和你的行動準則是一致的，你就會更容易吸引到體質健康的合作對象。

　　培育盟友。找出被相同事業召喚的人，一起工作，把人們編織在一起，創造社群。這張網絡會帶來新的友誼、目標與連結，也可能帶來浪漫的火花。在整個過程中，有意識地保持你自身需求與集體需求之間的平衡。

挑戰訊息（當牌呈逆位）

　　靈性修持與個人哲學有時候會凌駕於你自身

的真實情感，而成為某種逃避或制約。而這當中有風險。要對自己誠實，不要試圖說服自己去接受你認為應該有的情感，或是走上別人認為更容易被社會接受的道路。如果你的哲學與你的真實感受相衝突，那麼你的哲學就需要進化了。如果你的生活方式與你的哲學不一致，那麼其中之一或兩者都需要改變。

禮物訊息（當牌呈正位）

　　水瓶座鼓勵你放下過去的觀念，傾聽內在的源頭。請尊重這個現實：你是一個獨特的個體。然而，你也有責任為社群的健康做出貢獻。

12
雙魚座
覺察

　　雙魚座的象徵是兩條魚，通常朝相反的方向游動。雙魚座掌管腳，與濕地、溪流和池塘有關。它在傳統占星學中由擴張性的木星所守護，在現代占星學中由直覺性的海王星共同守護。變動的水象雙魚座召喚我們去感知我們的夢想與直覺的洞察，以獲得全面的覺察與理解。太陽在 2 月 20 日至 3 月

20 日照耀雙魚座。

行動指引

　　雙魚座要求我們優游於情感的氛圍中，並採取慈悲的行動。有了雙魚座，我們可以想像一個廣闊的水景，溪流在田野上蜿蜒，穿過池塘和沼澤，不同的元素與不同的物種在一個精微、無邊界且肥沃的景觀中一同流動。欣賞這種情況下所有不同的聲音，並將它們視為你河流的支流。比起任何簡單的單一文化（monoculture），這種複雜的生態有更多的話想說，體質也更為強健。

　　你所面臨的情況很微妙也很複雜，但這正是它的優勢。此刻需要更精細的感知力，一支更敏感的麥克風。要像關注自己的感受一樣去關注別人的感受，但要分清楚：這份感受究竟是屬於誰的。仔細察覺你從別人那裡吸收了什麼，並分辨出哪些是屬於你自己的源頭。

　　學會同時接納個體觀與整體觀，亦即：我們都是獨立的細胞，有自己的工作要做（個體觀），

而我們的細胞都嵌入在造物（Creation，譯注：基督教術語，代表上帝的創造）的軀體中（整體觀[2]）。健康的界限有助於我們完成自身的工作。靈性修持能夠幫助我們把認知從個體的細胞思維（the cell-mind），轉移到我們在「一體」（the One）中的角色。

挑戰訊息（當牌呈逆位）

雙魚座的滲透性會讓你迷失在沼澤中，虛無飄渺，不知道你的悲傷是你自己的，還是從你周圍的環境中吸收的。同理他人，但不要試圖替他們承擔痛苦，從而加重自己的負擔。

禮物訊息（當牌呈正位）

運用雙魚座敏感的感知力，來調節一個健康的生態系統。我們都是「一體」中的細胞。健康的個體有助於整體的健康。

2　我們體內的個別細胞各司其職（個體觀），但我們所有的細胞也構成了一個完整的軀體，有如上帝完美的造物（整體觀）。

13
強勢位
優勢

當一顆行星本質上或意外進入強勢位，也就是處於一個與其性質相符的星座或位置時，它的力量是最強的。例如，火星在天蠍座或牡羊座這兩個它守護的星座時，是它最像火星的時候。或者在摩羯座時也是，因為摩羯座是一個具備強大的領導力的星座。一個入強勢位的行星就像一個足球運動員，

恰好能在前線自由活動，在準確的位置上接到傳球。

行動指引

　　你的聲音很重要。你是此時、此地迫切需要的人物。你展現了你自身的能量，在正確的時間和正確的地點，因此你擁有優勢，但是否能成功，還得取決於你是否做出正確的選擇與行動。躲開障礙，尋找剛開始出現的機會。對自己要有信心：你有能力，即使你還不知道。成功取決於你是否能夠挖掘自身的潛力，並找到內在的資源。

　　發揮你的長處，利用你的人脈，唱出最適合你聲音的歌曲。當你這麼做時，要謙卑地尊重這個過程。這種情況足以讓你發揮自身的潛力，而不需要踩在別人的身上前進。風與你同在，但不會替你工作。起身領導，做好你的工作，並記得把你的團隊帶在身邊。

挑戰訊息（當牌呈逆位）

　　接管一切，聽起來可能很誘人。是的，現在是

你大顯身手的時候，但要帶著大家一起努力（而非支配他們），否則一旦這場遊戲結束，你可能會被拋棄。

禮物訊息（當牌呈正位）

　　長年累月下來，甚至好幾輩子以來，你都在為這一刻做準備。你在身體與靈魂上所鍛鍊出來的一切，以及你所累積的智慧，都等待在此時此地被發揮出來。

14
弱勢位
不適

　　如果你把生活井然有序的都市人放到荒郊野外，他們會意外身處弱勢位——他們脫離了他們的元素，被逼著發揮他們的潛力。他們可能會感到不舒服，但這種情況提供了一個進一步伸展、發展他們靈魂的機會。同樣的道理也適用於在某個星座或位置上的行星：對它的本質來說，這裡是很尷尬的

地方。例如，水星在雙魚座時是最不像水星的，這與它所守護的處女座相反。在這裡，水星能賦予人偉大的頭腦，但卻是以一種直觀、整合且富有想像力的方式，而不是純粹追求知識的頭腦。

行動指引

　　這一次，你是舉足輕重的小跟班。這不是屬於你的遊戲，但你還是貢獻很多，長期的利益也值得你努力。學習和傾聽，而非堅持己見。用你的力量和領導技能來支持、引導另一個人或專案。把球傳給有能力的人，讓他帶著球跑。成為領導者的後盾，做好幕後工作並支援團隊。如果你沒有準備好做這項工作，你可以把球傳出去，然後就離開球場。但你可能要考慮重新定義你對成功的看法。留在這裡，你能夠培養所需的技能，擴展你全方位的技藝，並與其他人建立信任，而這些人可以在未來幫助你。你學到的一切、你建立的所有連結，都是為了在輪到你時做好準備。

挑戰訊息（當牌呈逆位）

　　你就像是工程師團隊中的藝術家，或是芭蕾舞

團中的橄欖球後衛。你無法好好施展自己，充分運用你的才能。眼下的情況，你很容易陷入自憐與自我懷疑。

禮物訊息（當牌呈正位）

你正受到挑戰，以你無法預測的方式成長。你被要求全方面發展、鍛鍊與強化你的弱項。只有你能決定是否要接受這項挑戰。這個經歷也鼓勵你好好愛自己，欣賞你所貢獻的一切，即使過程並沒有人注意到。

15
逆行
回顧

　　逆行經常令人聞之色變，尤其是水星逆行，但
逆行週期確實是一個對我們有幫助且必要的時期。
沒什麼好擔心的，只不過是一些事情需要重新檢視
處理而已。從我們在地球上的角度來看，當一顆行
星似乎逆轉了它在天空中的行進方向時，它就處於
逆行狀態。當這顆行星重新回溯它的路徑時，你可

以趁機回顧自己的生命。

行動指引

　　從你日常生活的模式抽離出來，休息一下。眼下的情形，問題的根源在於過去。任何事都值得重新考慮、修改、修復與編輯。重新挖出一個舊有的想法，重新加工，把它提出來。重新連絡老朋友和以前的聯繫窗口。處理一些過去尚未完成的個人事務。針對遺失的物品與遺漏的資訊，再找一次。適度的延遲，甚至可能會救你一命，所以要仔細檢查設備，閱讀任何文件上的細則，確保團隊中每個人的想法都一致，才可以安全前進。

　　這是一個重新開始的機會：你不需要停留在過去。如果一個老問題再次出現，與其重複功能失調的模式，不如採取不同的方法。在你重新參與一段舊的關係之前，清點你的心：想想這一次需要什麼不同的做法才能使這段關係真正成功。一起去開拓新的領域。

　　如果你覺得受到召喚，就把平常的工作先擺一

邊，去處理一個支線任務：它對你的靈魂而言可能是重要的短期專案，它迫切需要你已獲得的所有智慧。

挑戰訊息（當牌呈逆位）

儘管這麼做很誘人，但現在不是回憶往事、揭開瘡疤，或重溫你過去痛苦的時候。這只會是你用來宣洩憤怒、沉湎於悲傷的藉口。你早就經歷過了，不需要再體驗一次了。

禮物訊息（當牌呈正位）

做個深呼吸。這是一個讓你暫時脫離常規的時刻，一個讓你運用你努力習得的一切的難得機會。將你所累積的技能、知識與成熟圓融，一次施展出來吧。出手前確保思慮周全，你將贏得這場比賽。

16
太陽平靜期
澄清

當太陽平靜時，太陽黑子或太陽閃焰很少出現，其能量是穩定安靜的，並舒緩了太陽系中的任何動盪。你星盤中所有面向的音量都被調低了。在這個時期，望遠鏡能夠看到更遠的空間。人們傾向於尋找形而上的事物。地球上的植物生長放緩，但藝術與創意的過程往往會開花結果。政治傾向於安

靜堅定有主見，態度更加根深柢固。這是一個很難發起革命的時期。

行動指引

欣賞這段深沉、令人振奮的安靜期。在穩定中求進步，打持久戰。傾聽你的謬斯（Muse），支持藝術創作。採取創意的方法，在溫和、穩定的壓力下，努力在現有的系統內做出正向的改變。尋找志同道合的人，發展這些深層的連結。傾聽那些較安靜的聲音，它們經常受到忽略，無論是你直覺的低語，還是內向者或較弱勢族群的細微之聲。在戀愛關係中，牽起對方的手，一起找尋安靜的庇護之所。現在就建立關係，這麼一來，在潮水開始轉向和太陽能量啟動時，這段關係就會幫助你實現所需的改變。

挑戰訊息（當牌呈逆位）

現在不是推進或引發變化的時候。如果你試圖激發生活中的實際變化或嘗試全新的方法，會感覺像在濃霧中點燃一根火柴。要有耐心，霧氣很快就會散去。

禮物訊息（當牌呈正位）

　　冥想會有幫助。關掉外在世界的噪音，仔細傾聽內心的知曉。放下故事的細節，感受靈的召喚、連結的召喚，以及所有存在彼此之間連結的召喚。在這種安靜的清晰中，你能夠看到遠方——遙遠的星辰——並開始理解這支配萬物的奧祕。

17
太陽閃焰
啟動

太陽的表面一直在翻滾著：閃焰在表面閃爍，也可以成為一個大於地球數倍，會射出帶電粒子的日冕巨量噴發（coronal mass ejection）。當這些粒子朝著地球時，不僅我們的電子產品會被擾亂，連帶我們的政治也會升溫，因為我們質疑舊系統並渴望得到新的答案。所有星象活動的音量都會變

大。在法國大革命、美國革命和 1960 年代中期前後，太陽活動達到了高峰，人們在這些時期挑戰現狀，尋求革命性的變化。

行動指引

變化即將發生。一股爆發的能量支持你的工作。人們的心情是不安的、活潑的、革命的、好奇的：人們渴望改變。現在不是保持靜默的時候，請迅速起身行動。

太陽閃焰會放大你所抽出的其他牌卡的能量。當太陽如風暴般奔騰時，我們的社會和政治世界會受到啟動，革命性的變化得以實現，森林中的樹木也會快速生長。小心瞄準目標，因為太陽閃焰會帶來活潑的動力，而非深思熟慮的能量。你要靠自己的意志，謀定而後動。深遠的形而上觀點可能不易採行，但你可以把它們帶進來，藉此創造平衡與長久的狀態。

你在太陽閃焰期所建立的事物，可能是火熱與急切的，但不一定是長壽的。要把一個想法或一段

戀情變成永久的事物，例如商業計畫或夥伴關係，需要有意識的努力。

挑戰訊息（當牌呈逆位）

脾氣與太陽一起爆發。如果你不注意的話，你可能會因為太過熱情的行動和不夠敏感的情緒而燒傷自己。

禮物訊息（當牌呈正位）

太陽正在向你發送額外的電壓與靈感，所以要明智地使用它。感受情況的熱度，感受相關人員的熱情，然後加入水的慈悲、風的體貼及土的統籌來平衡火力，將靈感化為現實。

18
太陽
源頭

　　在你的星盤中，太陽象徵你人格的核心：你的生命力、自我和意識。太陽所在的星座與宮位描述了你如何表達這種基本的生命能量。從我們地球人的角度來看，太陽每年繞著黃道帶轉一圈，但事實上，太陽是行星圍繞的中心點；我們太陽系中所有其他的天體都反射著它的光。它的巨大難以想像：

一百萬個地球都可以裝得進太陽。

行動指引

　　太陽的光芒照耀著教師、演員、戀人、領導者，這些人用他們的熱情、溫暖和魅力來實現公共利益。現在是你占據舞臺中心的時候。讓太陽的光芒流經你，使你發光、獲得啟發，並為你的周遭提供能量，然後利用這一點來做出貢獻。注意是什麼能滋養你的活力並與之合作。當你讓太陽流經你時，你的健康將獲得改善。透過你的能量與熱情，你將吸引人們來支持你。盡其所能發揮你的潛力。如果你正在針對一個專案詢問，這股活力將清理過程中的障礙，並提供許多規劃與執行上的創意。這種情況將成為太陽能量的管道，你可以感受一切都因太陽的能量而充滿活力。

挑戰訊息（當牌呈逆位）

　　自戀是太陽能量的陰影，是「我是宇宙的中心，而你不是」這個錯誤的信念。學會贏取關注和尊重，而非強制要求或期待它出現。

禮物訊息（當牌呈正位）

　　這個陽光燦爛的時刻，是讓你的自我走出困境，讓太陽的光芒流經你，讓靈替你工作的一個機會。全心全意地發光，與朋友、家人、你的社群和世界分享溫暖。把它當作一種奉獻。活出這個真理：「我是宇宙的中心，而你也是。」

19
月亮
感知

　　月亮，巨蟹座的守護者，傾訴著內心深處的情感之河——是什麼激勵著你，你如何體驗表達你的感受，你如何滋養他人，以及你需要以何種方式被滋養。在你的星盤中，月亮和太陽一樣重要，儘管它的尺寸要小得多。太陽與月亮，分別代表我們的意識與無意識。在相對大小和相對距離的影響下，

從我們地球的角度來看，太陽和月亮大小似乎相同，這種比例使日食現象得以發生。月亮以 27.5 天的週期穿過黃道十二宮，大約每兩天走過一個星座，為我們的情緒、習慣和無意識的行為，帶來不同的調性。

行動指引

　　首先得去感知，是什麼樣不言而喻的內在情感與模式，正在驅動著你。查看你自己的月亮星座。當你與月亮星座的情感動機合作時，你會發現自己前進的道路上，一切都變得更加容易。

　　接下來，去調查探索你周遭人士的真實需求與願望：事件表面下的情感，才是真實上演中的主軸。那些驅動他們的欲望，並非透過語言可以觀察到，而是從他們的小習慣和無意識行動、表情中，可以看見蛛絲馬跡。尋找那個地表下的深洋：它承載著靈魂的能量。

　　接納並討論自己或他人的不安全感，即便這讓事情步調稍微減緩也值得。以一種幫助他人感受

到滋養、溫暖與情感連結的方式行事，讓他們有家的感覺。照顧好食物、水，以及基地。就像月亮一樣，這種情況下的能量會起伏不定，所以要特別注意當下屬於哪種月亮週期，順著月亮週期行事。

挑戰訊息（當牌呈逆位）

　　若想推動現況的發展，要著眼於感受，而非邏輯。注意任何敏感的主題或心理現象：裙帶關係、排外主義、防衛心太強或嚴重不安全感，無論它是發生在你身上，還是在你周遭人身上。這些行為背後暗藏恐懼。要去照顧那份恐懼。

禮物訊息（當牌呈正位）

　　你與潮起潮落融為一體。觀察月亮每天位於什麼星座，了解認識每個月相。讓自己與這些潮汐保持同步，你的生活將更加輕鬆順利。

20
水星
訊息

　　水星象徵你的心智總機,它掌管你如何思考、溝通,如何行走於世間。水星是太陽系最小的行星,它守護著雙子座和處女座,離太陽最近,大約在 88 個地球日內完成公轉。它的軌道如此接近太陽,所以在你的本命盤上,它只能和太陽在同一個星座,或在太陽前或後的星座上。水星有一個巨大

的、密集的、熔融的核心，這個星球上的一天，等同 58 個地球日。水星每年逆行三次，為期三週，在這段期間，它將幫助你回溯、回顧與重新連結過往的人事物。

行動指引

溝通！現下事情的基調是靈巧的、快速的、機智的。試著從各種不同的面向來看待你的情況。腳步要輕快，確保你擁有你需要的所有資訊。如果沒有，準備好研究、調查、翻譯、核對你的事實，並且從中學習。

跟進所有的溝通管道，以確保其他人理解你所說的話，而你也理解他們的意圖。出版、廣播、以網路和社群媒體形式宣傳交流。打電話，提交資訊，發送稿件。檢查所有水星守護的設備，例如車輛和通信電子設備。校對與備份你的檔案。

神話中的水星經常是個淘氣的搗蛋鬼，但他也扮演著心理醫生的角色：他會潛入冥界，護送受困的靈魂離開。如果你需要進入你個人的冥界──你

的心理深潭，那麼現在很適合與治療師、薩滿療癒師或其他可靠的導師一同進入那個深層領域。

挑戰訊息（當牌呈逆位）

當運轉過快的頭腦沒有與心相連時，就會造成麻煩。現在你的頭腦就像轉個不停的倉鼠輪：淺薄的思考、散漫、粗心犯錯、不誠實、說話誇大不切實際。

禮物訊息（當牌呈正位）

水星是眾神的信使。深入傾聽你靈魂的訊息──靈的溝通管道──並成為提供訊息的信使吧。

21
金星
摯愛

金星象徵著你的心，浪漫，以及創造的過程。它代表吸引你的東西、你重視的事物，以及你評價自己的方式。金星在地球的軌道內，需要 224.7 個地球日來完成旅程。金星守護金牛座和天秤座，在你的本命盤中，它只能和太陽在同一個星座，或在太陽前或後的星座上。金星是逆行自轉的行星，象

徵著你的心的獨特路徑。金星自轉得非常慢，這使它的一邊總是沸騰，而另一邊比較涼爽。愛，總是忽熱也忽冷。

行動指引

　　軟化、魅惑、打開心房。檢視：你要如何才能使情況變得更加美麗、公平且吸引人？記住金星的真理：人們會被了解自己魅力的人所吸引。運用外交手段，讓別人來找你。去展現創造力、慷慨與愛心。

　　金星呼喚你的心，呼喚你的浪漫，作為創意的謬斯向你歌唱。它問你看重什麼，以及你迫切渴望什麼，甚至讓自己惹上麻煩也不足惜。了解你的心。知道自己對什麼有熱情，還有自己何時會激起其他人的熱情。當你的心受傷時，你可以透過慈悲、關愛或創造力的行為來展現金星更高的能量。這些都會反過來治療你內心的創痛。拿出你的美術用品，畫出你的感受。拯救一隻小狗。幫助一個比你更需要愛的人。

挑戰訊息（當牌呈逆位）

　　情緒高漲，熱情澎湃。要警惕因激情所犯下的罪行、愛情成癮，或在物質中尋找真愛的情況。如果你受到金星的膚淺表象所吸引，你可能會被外表所迷惑，或是在愛情中變得盲目。要看得更深一些。

禮物訊息（當牌呈正位）

　　金星鼓勵有愛的心。為了療癒你自己的心，去成為你周遭世界的金星燈塔，去發展佛教徒所說的Maitri：慈愛、仁慈、友善，積極去成就、祝福他人的福祉。

22

火星

動作

　　火星是神話中的戰神，也是牡羊座和天蠍座的傳統守護者，它代表獨立、進取，同時也代表任性、侵略、激情與防禦（包括你身體的防禦，例如免疫系統）。火星需要 1.9 個地球年才能繞行黃道

十二宮一周。因此,你的「兩歲反抗期」[3](terrible twos):當你學會說「不」和「是」以及開始去要求某些東西時,就是你第一次火星回歸的表現。

行動指引

火星敦促你採取行動——任何行動,但這可能會使你陷入麻煩。你會躍躍欲試,但要記得隨時掌控狀況,並要考慮到你行動的後果。火星是原始能量,就像一輛高級跑車的馬達,加上了車主的智慧與指導,它可以走得更遠。火星希望你發展自己的力量和勇氣,所以現在適合鍛鍊身體、強化肌肉,或是去拯救弱勢族群。大膽前往之前沒有去過的地方,熱情地投入生活。火星帶給你競爭的優勢,讓你設下一個強烈渴望的目標,並教導你:為了使你的「是」真正意味著「是」,你的「不」需要受到尊重。知道你想要什麼、不想要什麼,並意識到你周遭人士想要、不想要什麼。學會戰鬥,而且要公

3　兩歲反抗期,意指幼兒到兩歲左右會出現一個反抗期,對父母的一切要求都說「不」,經常任性、哭鬧、難以調教。

平戰鬥。優雅把持自己的立場，與你自己個人的最佳狀態競爭。

如果你身處困境，你可能需要真正的力量與意志力，來幫助自己改變或逃離。你可能需要堅持己見，讓自己不要被呼來喚去。你可能需要拔出你的劍，在地上劃出一條清晰的線，不讓他人輕易越界。去做你需要做的事。只是要確保這是一件正確的事。

挑戰訊息（當牌呈逆位）

專橫的意志力、對性的濫用、憤怒、好鬥以及戰爭般的心態，是火星的陰影面。如果眼下情勢不妙，一定要打破上述這種態勢。先停下來，仔細思考你的下一步行動。

禮物訊息（當牌呈正位）

火星更高能量的展現，是神聖的守護者。它是你內在強大的第一個反應者，讓你準備好在危險的情況下成為英雄，保護你以及你所關愛的一切。

23
木星
豐盛

木星象徵著我們如何透過教育、法律、哲學、旅行、富足和擴張的精神來拓展我們的世界。木星是射手座與雙魚座的傳統守護者，是一個巨大的氣體巨人，體積是所有其他行星總和的 2.5 倍。它需要 12 年的時間繞行黃道十二宮一周，在每個星座待上大約一年的時間。木星以眾神的統治者「朱庇

特（宙斯）」命名，周圍有 79 顆已知的衛星。木星從不做任何小格局的事情。

行動指引

將眼光放更遠些。現況需要你以寬大的胸襟和包容的心態來面對，請以寬容、公平、充滿哲思與求知欲的方式來處理問題。眼光要放長遠，擴及全球，廣納來自世界各地的聲音與貢獻。你可以展開一場實體的旅行，或聆聽陌生文化的音樂、品嘗陌生文化的食物，透過你的感官來旅行。與非同溫層的人交談，了解他們的觀點。讓你和你的團隊充滿多元的觀點，發現缺失的部分，補足它，進而組成一個更大的整體。採行豐盛的樂觀主義。透過你的慷慨，把重要消息傳出去；大方給予，善意就會回報你。投資教育、出版與廣播事業。只是要注意，你的慷慨是要真正援助他人，而非直接幫人們處理問題，或帶給他們負擔。要明白什麼才能真正幫助到他們。

木星的能量需要表演的場域以及觀眾。但它也可能會讓真正關鍵的人物黯然失色。要注意你的

擴張能力不會阻礙初學者的試錯學習，也不會排擠到想要表達自我的內向者。注意你可能會在哪些地方壓垮你所愛的人，並給他們空間，讓他們發揮更精緻細膩的做事風格。如果你是那個被木星能量壓垮的人，請欣賞你自己的價值，以適合你的方式擴張，讓擁有木星能量的人去做他們的事。

挑戰訊息（當牌呈逆位）

木星可能會帶來太多的好東西，讓人感到不堪重負。要留心神奇思維[4]（magical thinking）以及對問題的波麗安娜式[5]（Pollyanna）迴避。

禮物訊息（當牌呈正位）

給予，你就會得到。木星呼籲你擴大你的世界觀，所以請向外敞開，感覺與整個宇宙融為一體。

4　相信只要想著某件事，或是希望某件事發生，就可以真的使它發生。
5　過度樂觀，相信無須透過有意識的努力，問題會自己獲得解決。

24
土星
結構

　　土星掌管我們必須長期建立的東西：骨骼、牙齒、個人權威、成熟度、邊界、紀律、傳統和組織。就跟木星一樣，土星也是一個龐大的氣體巨人。它有冰環與岩石環，它是人類從地球表面可以用肉眼看到的最後一顆行星，代表了可見太陽系的邊界。土星是摩羯座和水瓶座的傳統守護者，需要

29.5 年的時間繞行黃道十二宮一周，大約每七年就會與自己形成挑戰的相位。因此，婚姻中有所謂的7 年之癢，傳統中也有以 21 歲來當作正式成年年齡的說法。

行動指引

　　土星要求你步入成熟與個人權威的下一個階段。你可以把土星想像成一個武術大師，他透過鍛鍊、紀律與測試來推動你成長，讓你向自己和他人證明你的所學。尋找一位導師，或選擇去指導他人。尊敬老師，但不要把自己的權力交給別人。聽取專家的意見，將他們的智慧與你的經驗相結合，做出你明智的決定。如果你覺得有人在濫用權力，或是破壞你的權力，請堅定設下界限，讓他們為自己的行為負責。去學習；去面對；長大成人。

　　以務實的角度看看你的骨架和牙齒，以及你的長遠規劃。你的人生計劃，是否經得起風吹，耐得住雨打？確保你的基礎牢固，組織結構到位，然後從基礎開始建設。同時也要注意：你在穩固思想、肌肉和骨骼的同時，也可能會變得僵化，所以要記

得適時伸展你的身體和心靈。

挑戰訊息（當牌呈逆位）

　　小心不要堅持舊有的成功概念，或被限制創意潛能、總是潑人冷水的僵化系統毒害。

禮物訊息（當牌呈正位）

　　祖先正在召喚，讓你了解你的天賦及限制，帶領你邁向成熟。眼下狀況可能是一個開端，你正面臨一項考驗，這項考驗最終會賦予你力量。

25
天王星
改變

　　天王星的作用就像一個宇宙的離合器：它讓我們脫離一個檔位，在經歷一些混亂之後，又將我們轉移到一個新的檔位。天王星是水瓶座的現代共同守護星，需要 84 年才能繞行黃道十二宮一周。在望遠鏡打破我們已知的太陽系邊界後，天王星是人類發現的第一顆新行星，而且恰逢工業革命，當

時許多技術和文化的假設都被打破了。它體現了差異性與偏心性，因為它的旋轉方向與大多數行星相反，而且自轉軸與其他行星的幾乎呈直角，其中一極指向太陽。

行動指引

　　給別人驚喜，或接受驚喜。準備換檔。現在是嘗試新鮮事物或全新道路的時候。如果你的生活是一座花園，現在是時候撒下一把不同的種子，給它們澆水，看看哪些能夠長得旺盛，然後將其餘的除去。天王星的不安定會帶來一種緊迫的焦慮感，與其四處奔波，不如尋找根本原因，詢問是什麼樣的改變才能真正解決問題。

　　看似災難的事情可能會帶來巨大的機會。如果你遇到令人措手不及的巨變，就這樣想吧：現在的你宛如被扔出巢穴，正要開始一段精采的英雄之旅。混沌可能是重要的催化劑，這是一段事物崩解後卻尚未成形前的關鍵緊張時刻。讓這份緊張感推動你轉變。成為最真實、最古怪的自己——這是「你」當前最需要的。

天王星的能量也代表前瞻性的科技與技術創新，有助於獲取新設備、研究新科技。

挑戰訊息（當牌呈逆位）

天王星帶電，現在你的感覺可能宛如渾身觸電。你焦急想改變，但在你正式「換檔」之前，一切可能只是徒勞無功。

禮物訊息（當牌呈正位）

為革命性的大躍進做好準備。令人震驚的情況會迫使你運用你不知道的天賦，幫助你轉型。在轉型的過程中，你不會消融不見。毛毛蟲即使變成蝴蝶，內部的本質仍然是同一種生物。

26
海王星
想像

　　海王星宛如漂浮在漆黑海洋中的一顆寶藍色珍珠，它象徵著我們是如何漂浮在集體意識的海洋中。海王星，雙魚座的現代守護星，大約需要 165 年才能繞行黃道十二宮一周。在實際的層面上，它代表水、液體、油以及美術用品。在經歷充滿挑戰的一天後，海王星的能量幫助我們從嚴酷的現實脫

離出來，無論是透過想像、成癮還是殉難的方式。而在美好順遂的日子裡，海王星則幫助我們談論靈性、想像力與通靈感應力。

行動指引

　　祈禱，冥想，相信直覺，運用你的占卜能力。休息和夢想。啟動右腦，跳出時序邏輯，進入無限的意識中。投入儀式與祭典中。找到一個夢想或願景，並將它帶回現實顯化出來。

　　海王星會喚起我們的直覺和想像力，所以它會模糊現實與想像兩者之間的界限。人們太容易相信自己想要的或害怕的，在現實中真的存在。這會很容易讓其他人玩弄你的希望和恐懼來操縱你。現在需要小心翼翼地邁出每一步。與海王星一起同行，就像在迷霧中行走：你唯一能清楚看見的，只有當下，只有腳下所處之處。過去在後方，未來在前方，它們都被恐懼擔憂的濃霧層層掩埋。

　　你或許覺得這個世界太嚴酷，感到不知所措，請保護好你敏感的觸角。現在只需要祈禱，而不是

窮擔心。海王星掌管我們心靈的滲透性，鼓勵我們吸收消化周遭的環境。利用它來發揮你的優勢，並仔細選擇你的環境。與一群人一起冥想；與樹木、腳下的大地、頭頂的天空或聖地同頻；讓自己沉浸在任何餵養你的東西中。

挑戰訊息（當牌呈逆位）

過多的海王星能量，會讓接納變成消極，將想像變成幻覺，將敏感與對靈的渴望變成上癮。要留意水能量的巨大毀滅力。

禮物訊息（當牌呈正位）

讓自己在集體意識的大海中漂浮、沉潛。沐浴在神聖靈魂的存在中。在你和一切有情眾生之間，在你與眾神和靈界之間，沒有所謂的分離。

27
冥王星
重生

冥王星是天蠍座的現代守護星，是一顆強大的小行星，需要 248 年才能繞行黃道十二宮一周。冥衛一（Charon）是冥王星五個衛星中最大的一個，它與冥王星相互環繞並形成一個雙星系統。大多數與冥界之神有關的神話都有兩個主要角色，彼此職責不同：一個下到冥界重生，另一個

將靈魂送入冥界或在冥界迎接靈魂的到來。從普路托（Pluto）和普洛塞庇娜（Proserpina），到賽特（Seth）和歐西里斯（Osiris），再到伊南娜（Inanna）和埃列什基伽勒（Ereshkigal），這些神話的兩面——權力的使用及濫用，以及再次重生為充滿力量的神聖自我——均描述了冥土星的涵義。冥王星也是採礦之王，象徵從地球深處取出貴重的物品。

行動指引

　　冥王星代表三項重要行動：第一，深入挖掘；第二，有意願地轉化；第三，明智地使用權力。

　　冥王星呼喚你深入挖掘，挖掘有價值的東西並將它帶到表面，沖洗掉表面的污垢，讓真金的本質展現。每當你深入挖掘你的靈魂時，就會帶來豐盛與財富。

　　注意強迫症和神經官能症，如果出現了這些壓力的跡象，表示你必須獲得傾聽與療癒，不要讓這些症狀控制你。冥王星提醒你，不能執著於過去，

但你可以照顧好自己。要開始這項工作，你可能必須放棄舊形式，就像毛毛蟲必須化蛹成蝶一樣。對於過去追不回的事物，深切哀悼；對於即將到來的新事物，保持好奇。

審視現況的權力動態。既不要交出你的權力，也不要濫用你對他人的權力。走出權力鬥爭，走向自我培力（self-empowerment）。

挑戰訊息（當牌呈逆位）

冥王星的陰暗面會帶來癡迷、抑鬱、死亡和哀慟。冥王星的影響是毫不留情的，所以最好能找一位精神導師，陪伴你走出這個時期。

禮物訊息（當牌呈正位）

在生死大關前，冥王星問你：你為什麼在這裡？你在這裡的原因是什麼？請誠實面對這個直接的問題。如剝洋蔥般直探本質，回到真正重要的事情上來尋找答案。

28
凱龍星
療癒

　　凱龍星是「受傷的治療師」。希臘神話中，訓練英雄海克力斯（Hercules）的導師凱龍，是隻充滿智慧的半人馬，卻被毒箭意外射傷。雖然他無法完全治癒自己的痛苦，但他學到很多醫學知識，還開設了治療的聖殿。凱龍星掌管靈魂的創傷與療癒：你自己的痛苦經歷帶給了你哪些成長，以及你

如何帶著這份理解去幫助他人。小行星凱龍星的運行軌道為 50 年一周，它介於土星和天王星之間，正好踩在傳統領域與變革領域的中間地帶。

行動指引

　　在你的問題中找到目的。得來不易的智慧是有意義的，也是現在你最迫切需要的。你無須分析問題的前因後果，你可能永遠不會知道自己為什麼要經歷眼前的困境。但你可以好好運用你從中學到的東西。即使你可能永遠無法自因果業力展現出的慈悲中獲得痊癒，一旦你消化了眼前的訊息，你就能擁有可傳承下去的智慧。

　　現況可能讓你感覺很熟悉，但如果你完全沒有印象，那麼它有可能是前世遺留下來的記憶，是你的靈魂對過往的回顧。如果舊傷的痛苦被觸發，請慈悲對待自己。要知道：你，比眼前的困境還強大。現在，是將你一切所知學以致用的時候。一旦找到了解決方案，就把它記下來，以備日後需要。現況對你造成壓力和考驗，請視其為生命對你內在英雄的訓練。你現在所學的一切，未來將成為你的

獨門絕活。

挑戰訊息（當牌呈逆位）

　　眼下情況可能會引發敏感的回憶，或是戳中你的痛點。砲彈的碎片，無論是朝外射出，還是朝自己射來，都一樣傷人。抓住這個療癒的機會，讓那些陳年的傷口能夠有機會獲得轉化。

禮物訊息（當牌呈正位）

　　讓過去所有的痛苦與煩惱，帶來當下的智慧與慈悲。

29
穀神星
滋養

　　穀神星是火星和木星之間的一顆矮行星，以克瑞斯命名。克瑞斯是羅馬豐收、食物、土壤肥沃的女神，也是春天女神普羅塞皮娜的母親。當普路托綁架普洛塞庇娜，將她帶到冥界成為他的王后，克瑞斯威脅，若不將女兒還給她，她勢必要讓全世界挨餓受凍。穀神星掌管食物（無論好壞）、耕作

以及孩子的安危。與克瑞斯相關的古代儀式中，人們用鐮刀砍下穀物的頭，埋葬它們，祈禱新生命出現。透過象徵性的收穫，人們了解死亡和重生的祕密。

行動指引

照料，與受到照料。滋養與培育正在生長的東西，無論是來自大地的收穫，來自子宮的孩子，還是來自藝術家的創作。真愛可能意味著嚴厲的愛——為你所愛的人做最好的事，即使他們因此而憎恨你。用健康完整的食物來愛護自己的身體，把它們當作與有機世界的交流。感受腳下的大地擁抱著你，在艱難的時期愛著你。讓這種富足通過你，流向他人。

替那些較為屏弱、易受傷害或依賴他人的人代言。如果你的後代、你的計畫或你的收穫在成熟之前被奪走，請準備好讓世界挨餓，直到你確保他們都安全為止。用你的實力與力量證明給別人看。

當時機成熟時，要願意放手。為了讓你的後代

或成品蓬勃發展，他們必須踏上自己的旅程。一旦你作為養育者的工作完成，你就可以放手，讓自己精通的技藝更上一層樓。

挑戰訊息（當牌呈逆位）

不要將人窒息的關愛、扶持或幼體化行為[6]誤認為愛的表現。你只是離開了你所關心的對象，你的生活並沒有結束。一個新的奧祕就要展開。

禮物訊息（當牌呈正位）

你的日常生活是神聖的。愛、餵養、撫育、園藝和家庭（無論是後天選擇的家庭成員，還是有血緣的家庭成員）都是你強大的靈性道路的一部分。母親[7]護持著你。

6　一直把對方當作是無法替自己承擔責任的小孩子。
7　大寫的母親，可意指大地之母或神聖陰性的能量。

30
智神星
思考

　　智神星掌管敏銳而謹慎的智慧，以智慧女神雅典娜命名。神話中的雅典娜是智慧、才智、技能、策略與防禦的女神。為了讓雅典娜的母親墨提斯（參謀與計劃的女神）躲避正宮赫拉，雅典娜的父親宙斯吞下了墨提斯。後來，雅典娜讓宙斯頭疼得厲害，然後就從父親的額頭跳了出來。這就是雅典

娜誕生的過程，她初臨世間的瞬間，就已經完全長大，且全副武裝。這位強大的女神在男人的遊戲中屢屢擊敗他們，她的存在向世界聲明：永遠不要低估女性的力量和智慧。

行動指引

智神星賦予能力、勇氣與智慧，你可以自信走進會議室，出席各種專業且正式的場合，準備好迎接任何挑戰。只要懂得正確使用話語，你就能掌控全局。就問她吧！雅典娜就在你體內；跟她說話。她可以幫助你游刃有餘地面對權力高層。在她的支持下，你可以專注，培養真正的技能、手藝、表達能力，甚至科技方面的長才。你累積至今的知識、天賦能力，將能與神聖靈感的火花相連。

小心不要過度進行智力的攻防。確保你的智慧與合理化的能力，是能解決問題，而不是造成更多的問題。回到家後，記得卸下你的武裝，脫掉雅典娜的頭盔。回頭檢視自己，是否像雅典娜一樣，低估你內心或情緒智慧的陰性力量。保持你頭腦與心的連結。

挑戰訊息（當牌呈逆位）

　　無論你在性別光譜上處在哪一個位置，都請尊重你自己與他人心中的陰性能量與阿尼瑪（anima）。不要以為你必須否認這些，才能獲得卓越的智慧和能力。

禮物訊息（當牌呈正位）

　　在你需要的時候尋求幫助，神聖的答案會自然而然揭曉。結合嚴謹的邏輯和對真相的熱切追求，以正面開放的心態來面對眼前狀況。

31

婚神星
夥伴關係

　　婚神星掌管愛情生活和工作任務之間的權衡，並給予方向線索，協助你有效平衡它們。婚神星以土星薩圖恩的女兒、木星朱庇特的妻子、火星瑪爾斯的母親茱諾來命名。她是女王，社會的組織者，也是臥房的守護者。茱諾和朱庇特建立了一種不穩定但平等的夥伴關係，這種關係需要雙方付出很多

努力，但能獲得豐厚回報。

行動指引

　　在工作與愛情方面，婚神星希望你相信，你可以在自己的人生道路上穩步前行並發展平等的夥伴關係，所以要投入其中，努力為這段關係而奮鬥。去培養健康的人際關係，去研究談判與調解的技巧。練習尊重、溝通、愛，解決你自己性格各方面之間的矛盾衝突。學習像茱諾和朱庇特一樣，他們是兩個完整且可掌握自身命運的靈魂，他們能夠發揮各自的潛力，解決彼此的弱點，並找到平衡點。

　　你與神聖的創造源頭、靈和你的情感之間有條連結。你要為那條連結負全責。別要求別人來替你負責，因為這會讓你很難接受他們也有自己獨特的人生道路。透過你的工作來實現你的抱負，而非透過你的伴侶、孩子、員工或同事。與其透過他人來實現自我抱負，不如鼓勵他人和自己一起成長和探索，從而為良好的人際關係和社群意識奠定基礎。如果你不這麼做，你可能會陷入嫉妒的深淵，在心中製造出可怕的怪物。如果你無法有效打造出良好

的夥伴關係，請檢視自己，是否有「人必須放棄重要的事物才能成就夥伴關係」這樣的錯誤信念。如果獨自生活工作是你想要的，就坦然接受自己的選擇。如果不是，請大方邀請新的可能性進入你的生命中。

挑戰訊息（當牌呈逆位）

如果你是透過你的伴侶或工作夥伴來實現你的抱負，而不是透過你個人的努力，那麼情況可能會演變為充滿嫉妒、嚴格控制與權力鬥爭的痛苦場面。

禮物訊息（當牌呈正位）

真正的夥伴關係是一條靈性之路。去實踐、去練習如何維持打造健康的關係，就能彰顯榮耀這條靈性之路。至於其中的關鍵訣竅，你的內心深處都知曉。

32
灶神星
溫暖

　　灶神星召喚你成為爐火，為了所有人的利益分享你自己，並儲備足夠的能量健康生活，好為新的一天再次奉獻。木星和火星之間第二大且最明亮的灶神星以維斯塔命名，她是守護爐灶、家庭與社群中心的最古老的女神。她聖殿裡的火永遠不得熄滅，家家戶戶壁爐裡的火對她來說全都是神聖的。

她從未被捲入諸神的政治惡鬥或不幸災難中。

行動指引

　　評估你自己，以及你的生活：每個人的任務是要幫助減少世界上的痛苦程度，並增加眾人的幸福快樂程度。你的快樂和痛苦，與其他人的一樣同等重要。不要為他人的事業而燃燒自己，但也無須過度保留你的熱情溫暖。分享你必須貢獻的東西。

　　眼下情形，你無須偏袒任何一方。回到中心，回到火焰，回到你的爐灶和你的核心價值觀。專注於中心的火焰，而非事件所涉及的人事物。記住重要的事情。找到內心深處的平靜。在祈禱之下點燃蠟燭，透過它將你的注意力聚焦在中心，讓其餘的一切事物逐漸淡去。然後，從這個基礎上做出決定、給予建議、完成工作。

　　現在是安靜回顧的時刻：尋找一個僻靜所在，清理自己、清理你的能量場、淨化你的環境。奪回你的聖殿。如果某段關係對你的靈魂而言深具價值，那麼對方一定會尊重你的淨化過程。

挑戰訊息（當牌呈逆位）

　　灶神星警告你：分享自己，並非犧牲自己。你為了維持局面所做的努力可能會受到忽視，或被視為理所當然。你必須清楚自己的價值。

禮物訊息（當牌呈正位）

　　找到內在的聖殿，心中一個寧靜安全的所在，你可以在那裡照料你內心的火種，而這座神聖的聖殿始終與你同行、同在。

33
南交點
過去

南交點代表你從前世帶來的東西：你的技能、傾向、嗜好、弱點、未竟之事，以及你身體內的某個實際位置，它可能總是緊繃，帶著過去的古老業力。月交點是黃道帶上月球軌道與黃道相交的點：當月球、太陽和地球恰好在這裡排成一條直線時，一道陰影神祕地覆蓋太陽或月亮，並形成了日食。

古人認為，是一條巨龍投下了這些陰影，並將這些節點稱為龍的頭和尾。月亮朝南下降的地方稱為南交點，它的符號是「☋」，代表龍的尾巴。

行動指引

　　目前的狀況是一種因果展現，它的根源來自過去的業力，其起源尚不清楚。你需要應用到你與生俱來的技能，不然就是需要重新審視舊問題並嘗試療癒它們。這種情況讓人感覺似曾相識，但在實際的人生中又沒有故事可循。因為，這是來自前世的經驗，是另一個時代或另一種生活模式的痕跡。舊愛或熟悉的敵人可能會回頭找你，或你可能會想起過往某段發生過的類似困境。如果有人觸發了你的南交點，你可能會覺得你欠他們或他們欠你。即便這可能千真萬確，但眼下為此斤斤計較無濟於事。乾淨俐落地解決眼前的問題，努力保持活在當下的狀態。

　　學習新的應對方式與技能，以便在舊創傷被觸發，或老議題困擾你時，打破過去的模式，打

破魔咒。練習深呼吸冥想，接受辯證行為治療[8]
（dialectical behavior therapy），或是做一些意
想不到的事情來打破舊有模式，為自己帶來更多選
擇。專注於自己想打造的健康未來。

挑戰訊息（當牌呈逆位）
　　在壓力下，你可能會不自覺回到熟悉的防
禦機制，重演你過去或前世的生活模式。創傷
後壓力症候群（PTSD）、突然閃現的過往記憶
（flashback）、成癮的習慣或有毒的關係，都和南
交點有關。

禮物訊息（當牌呈正位）
　　利用這個機會，好好療癒過去或前世的記憶或
生存模式，將它們視為一種教訓，並從中學習。然
後，使用這得來不易的技能與智慧，打造未來。

8　是一種基於認知行為治療（CBT）的談話治療。

34
北交點
未來

北交點或上升交點（ascending node），代表靈魂渴望到達的地方：命運在召喚的地方。這是未知的領域，而你沒有地圖。北交點把你引領到全新、未探索的領域，這個探索的過程初期可能刺激也可能平淡，但隨著你的進步與經驗累積，絕對會讓你愈來愈感到滿足踏實。月交點是黃道帶上月球

軌道與黃道相交的點：當月球、太陽和地球恰好在這裡排成一條直線時，一道陰影神祕地覆蓋太陽或月亮，並形成了日食。古人認為，是一條巨龍投下了這些陰影，並將這些節點稱為龍的頭和尾。月亮朝北的那個點稱做北交點，它的符號是「☊」，也就是龍頭，它呼喚著你前進。

行動指引

　　想想：10 年後你想去哪裡，想做什麼，並把它當作指引，成為你這段時間的明確路標。

　　注意是什麼激發了你的好奇心——即使你不熟悉，也會使你興奮、不停向你招手的東西。用初學者的思維，學習基礎的知識。有些人可能會抗拒你的改變，叫你要待在自己的軌道上，但這只是因為你的改變讓他們不舒服而已。曾經與你合作無間的同事、朋友或員工，可能不再是你未來新道路上需要的夥伴。如果他們真心希望你好，最終一定會隨著你的世界開展而為你慶祝。如果你覺得自己的專業領域太狹小或過於局限，請擴大並探索新的領域。在這條道路上，有你需要遇到的人，也會出現

一些會把你推出舒適圈的情況，來召喚你的靈魂實現成長。

挑戰訊息（當牌呈逆位）

離開熟悉的領域可能令人害怕。即使是愛你的人也可能會抵制你的進化，因他們對你的遠去感到擔憂不捨。

禮物訊息（當牌呈正位）

新開始如黎明般升起，你的命運在等待著你。這條路一開始可能充滿著不確定，但隨著你邁出的每一步，它會變得更加充實有趣。

35

上升點

登場

在本命盤中，上升點代表你在出生時如何走進這一生，以及你將如何走進任何新的局面。它是你看世界的方式，同時也是世界看你的方式。它就像一道門，它是你的過濾系統。它也代表你的意識將逐漸覺醒於哪個領域。上升星座是你出生時東方地平線所在的星座，其變化取決於你的出生時間點與

出生地點。

行動指引

　　你如何看待這個世界？仔細審視你用來過濾現實體驗的假設和推論。好好看看你的過往、你的創傷或你的先天優勢是如何扭曲當下的現實。盡你所能拆除這些障礙，這樣你才能夠看到全貌。打開你的光圈吧。

　　同樣地，請仔細查看你所發出的信號。它們符合你的真實意圖嗎？當你其實需要一個大大擁抱的時候，你是否都說「我沒事」？你是否總是一副謙虛或抱歉的樣子，即使你內心已有定見？或者你內心明明沒有方向，卻裝作一副胸有成竹的樣子？注意你向這個世界投射的東西，並對別人看待你的方式負責。

　　上升是讓你變得可見的領域。如果「被看見」會讓你緊張，請檢視自己需要被療癒或增強信心的地方，以便讓自己在被看見時感到自在。如果你問的是一個專案計畫，在你對大眾公開此計畫之前，

請務必仔細尋找需要修正或改進的地方。

挑戰訊息（當牌呈逆位）

　　前門，只是房子的一部分。要願意超越外表，深入內心。但不要指望其他人也有能力這麼做。

禮物訊息（當牌呈正位）

　　隨著時間的演進，你的聲譽是建立在你所做的事情上，而不是你的外表上。

36
天頂
高峰

　　天頂代表你的原生家庭如何教導你與世界互動、你與權威的關係，以及你如何成為自己個人的權威。它象徵了未來的山頂，它是你事業的頂峰。天頂是星盤的最高點，太陽在正午時位於該位置。它是這個星盤中最公開、最顯眼的點，就好比在你城堡頂端飛舞的旗幟。

行動指引

檢視你一路累積而來的專業聲譽,並詢問自己:你可以做什麼來加強它?更新你的網站。盤點你對成功的定義,確保它會使你真正快樂,而非只是從你家人或導師繼承而來的陳腐觀念。回顧你從導師、權威機構所獲得的訓練,注意它在哪些方面仍然對你有用,也要思考在哪些方面你需要打破他們老舊的成見,好讓自己擁有更大的格局與視野。

你可能需要重溫過去祕密懷揣的夢想,或重新喚醒自己的野心,即便其他人沒那麼看好。天頂也可以代表內在的個人權威,如果你選擇不去追求外在世界所重視的成就感,那麼這也是一種方向。這是你的生活:為你自己定義山頂。朝這個方向邁出你的下一步吧。

挑戰訊息(當牌呈逆位)

傳統、其他人的期望或你的家族史,可能幫助你發揮自身潛力,也可能在你尋找人生真正使命時形成你的障礙。

禮物訊息（當牌呈正位）

在所有世俗的野心背後，是一個靈魂想發揮自身潛力的渴求。聽從這個召喚吧。

37
下降點
邀請

上升點說明你如何進入這個世界，而下降點則是你如何邀請他人進入你的世界。它代表你如何看待同儕、你對他們的投射以及你尊重他們的哪些面向。下降星座是一個人出生時，在出生位置觀察到的西方地平線所在的星座。

行動指引

你如何邀請別人和你一起跳舞，建立連結？在設立良好界限的同時，要熱情好客。面對這些進入你生活中的人，一旦你滿意你所訂下的基本規則，你就會更容易敞開心房。

如果你發現自己正與人保持一定距離，或避免結識新朋友，請檢視這個習慣的必要性。儘管過去在你生命中的某個時刻，保護自己可能很重要，但請考慮一下它現在對你的幫助是什麼。思考：什麼才能讓你覺得夠安全，來打開對外交流的這扇門？

另外，注意在生活的哪些方面，你正要求別人替你做你的工作。下降點指出：你可能會嘗試從其他人那裡獲取什麼。在工作場合，請人替你工作固然是一種重要技能，但它在人際關係中有其危險。當你感到無力時，你可能會被有權有勢的人吸引。如果你是外向者，內心渴望情感與精神上的親密，你可能會吸引一個讓你在家裡感到溫馨舒適的人。當其他人能夠幫助你完整自己的潛在特質時，這是非常好的事。但是，如果你要求他們為你完成這項

工作——而他們離開了——你的資源就會消失。如果你只是將人們視為自己的延伸，那麼你就無法真正看見他們。當你整合自己的資源時，請把這些人脈視為完整的個體：他們有他們的自身需求與各自迥異的天賦。

挑戰訊息（當牌呈逆位）

當你要求別人成為你自己所缺少的東西，而非與他們一起工作時，你就交出了自己的力量。

禮物訊息（當牌呈正位）

呵護你心靈的入口；邀請那些帶有療癒、滋養、清晰洞見、鼓勵自我負責與互相成長特質的關係進來。

38
天底
根源

　　想像一下，你的脊柱像樹根一樣向下延伸到大地，在地底深處扎根，穿過地球，直達下方，與太陽路徑上的一個點交會，這個點就是天底。Imum Coeli（或 IC）在拉丁語中意為「天空的底部」，它代表滋養你最初根源的記憶與經歷：你早年的家庭生活、你的家庭傳統，以及你的生理與情感的

遺產。

行動指引

尋找根源。想一想是什麼讓你有像待在家裡的安全感，是什麼為你創造了庇護所。檢視這個基礎，並去意識到構成這種安全感的所有行為和觀念為何。

養成可以加強你的安全感、讓你感覺腳踏實地的習慣。如果你的童年過得很愉快，家庭傳統能夠幫助你在暴風雨中感到安全與堅強。如果你在混亂中長大，你可能會渴望相反的東西，從而創造你自己安靜的庇護所。如果你是在爭吵中長大的，那麼在家裡與人爭吵對你來說似乎很正常；但這對你的伴侶或新家人來說可能不是這樣，所以你需要學會調整自己，以不那麼好鬥的方式來表達你的觀點。

天底也代表了更深層次的根源：你早年生活的靈性、宗教或哲學的基礎。就像魚不會注意到牠身處的水塘一樣，你也很難看到你小時候沉浸其中的靈性體驗為何。這些早年的靈性體驗與哲學基礎，

可能讓你與靈有了深刻的連結，也可能讓你感到受限或有被審判的感覺。無論是你無意識內化的習慣，還是你反抗的習慣，在你審視那些深層根源之前，它們將形塑定義你的人生典範（paradigm）。

挑戰訊息（當牌呈逆位）

　　你個人歷史中的無意識模式，可能是造就眼下狀況的原因，值得深究一番。

禮物訊息（當牌呈正位）

　　建立你自己的根。感覺你的脊柱像樹的主根一樣扎進地面。感受大地的力量在你身上湧動，讓你能堅強度過任何風暴。

39
第一宮
抵達

　　第一宮象徵你如何進入這個世界，你的第一印象，以及你自我發現之旅的開端。如果你的星盤是一張村莊的地圖，那麼第一宮就是門戶與訊息中心。第一宮的行星即將升起在東方地平線上，太陽的第一道光將在黎明前出現，因此我們會強烈地感受到它們。

行動指引

　　對別人看待你的方式負責。當你走進門時，注意你的服裝、儀容與肢體動作傳達了什麼。請留意你是以敞開的心還是帶刺的防禦來面對他人；以頭腦還是以心來領導他人。無論你是否多才多藝，都要改變你的方法來適應環境。檢視自己給他人的第一印象，是如何影響你的身分，以及與他人的互動關係。人們會評價你給出的所有訊息，所以無論你是以企業、個人還是伴侶的身分行事，請確保你展示自己的方式符合你的真實意圖。而這一切取決於你。

　　如果你覺得受到誤解，在這個緊張的情況下，試著找出你的或他們的誤解，看看可以做些什麼來清除這個誤會或偏見。不要再保持神隱、神祕或中立，因為你的不形於色與深藏不露，只會惡化情況，人們更容易將他們的假設投射到你身上。讓自己更加公開透明，讓你的內在價值閃現出來。

　　第一宮也會帶來暴躁或其他強烈的情緒，這些情緒會像溫度計中的水銀一樣，在過熱的狀況下一

口氣衝上來。如果發生了這種情況，請將注意力集中在你的腳下，你就能恢復冷靜。這也適用於企業或長期計畫；你的領導方式可能過於躁進，需要將注意力重新放在眼前可控的、踏實的基礎上，做實際的討論。

挑戰訊息（當牌呈逆位）

　　眼下的考驗，是要超越表象的淺薄，看到一切背後的「局」，並對別人看待你的方式負上全責。

禮物訊息（當牌呈正位）

　　評估你如何與世界互動，這是自我發現之旅的起點。

40
第二宮
資源

　　如果你的星盤是一張村莊的地圖，那麼你的第二宮就是你的銀行、博物館和倉庫。它象徵你所看重的東西，例如你的身體，也代表你與物質世界的關係。第二宮也代表嬰兒期：你剛發現自己有身體（腳趾和手指），而且可以品嚐與嗅聞。

行動指引

　　探究你對金錢的看法。有許多走在靈性道路上的人對金錢、財產有著複雜的感覺；他們受到富足的吸引，同時又深受物欲帶來的罪惡感的折磨。環繞物質主題的這種「接近一迴避」的衝突張力，不僅會讓你難以集中精力，還可能會發出矛盾的訊息，讓宇宙不知道該如何回應來幫助你。第二宮要求針對你與你的資源的關係，建立一個清晰一致的訊息，如此你就有誠信作為你最強大的後盾。

　　物質是我們靈性的神聖容器。探索你對你的第一個資源，也就是你自己的身體與感官欲望的態度。尋找平衡點，使你能夠榮耀與尊重自己的身體形態，也能彰顯居於其中的靈魂的重要性。把你的精力投入到你所看重的事情上。第二宮是你可以成為他人資源的地方，也是你可以獲得報酬的地方。

　　整頓你的物質世界：清理壁櫥，支付帳單，處理其他實際的事情。這些事情乍看平凡，卻能讓靈魂與周遭的環境保持同頻，是一種神聖的行為。誠信會替豐盛創造一個舒服的環境。提出一個清晰、

完整的訊息，然後用行動來支持它。

挑戰訊息（當牌呈逆位）

　　你的所見並非全部。如果你想從物質找到情感與精神上的滿足，那是絕對不夠的，因為它永遠不會搔到癢處。

禮物訊息（當牌呈正位）

　　只要你奉獻你的熱情，為有情眾生的利益而工作，那麼你的技能、資源及興趣都將是神聖的。

41
第三宮
溝通

　　如果你的星盤是一張村莊的地圖，那麼第三宮就代表你當地的社區、小學與街角的酒吧。它象徵你如何透過如兄弟姊妹般的關係以及人們，在熟悉的世界中學習、交流與移動。

行動指引

　　檢查你的溝通管道與你的思維是否通順。首先，修復任何實際的技術故障（電線鬆動、電腦、電話或網路連線的問題）。然後進一步看看，你的消息是如何發送與接收的。確保你了解每一封你所收到的信件或訊息的真實意圖。向其他人確認：在與你溝通時，聽到你說了什麼。如有疑問，勇於發問，致力改善任何溝通不良的情況。

　　同時向內審視自己；留意自己思考的品質。處理思考的盲點，伸展你的心智，提高你的溝通品質。你可能需要學習用新的方式表達自己，確保其他人能夠聽到你的真實意圖。回顧你早期的求學經歷，以及與兄弟姊妹（或類似兄弟姊妹的朋友）的關係，了解自己是如何透過這些學會溝通的。研究這些早期的關係，是如何形塑你現在的思考習慣。

　　你可能需要擺脫過度思考，才能獲得新的視角。觀察並實驗你的假設；檢查你是否存在確認偏差（confirmation bias）的傾向，也就是相信任何支持你觀點的事物，並拒絕任何會挑戰原本世界觀

的新訊息。閱讀一篇與靈性提升相關的文章，或思考一個哲學概念，讓它拓展你的思維。

連絡你的兄弟姊妹和類似兄弟姊妹的朋友。尋找任何競爭的關係，看看是否可以將其轉變為互相砥礪、鼓勵彼此成長的關係，從而實現多贏的局面。由你來重新建構這種動態。

挑戰訊息（當牌呈逆位）

喋喋不休與溝通是不一樣的。兄弟姊妹（或類似兄弟姊妹）的競爭可能會挑戰你，使你獲得小幅成長，但不要讓它使你偏離了自己決定的航道。將專注力聚焦在你的目標上。

禮物訊息（當牌呈正位）

在靈的眼中，我們都是兄弟姊妹。讓這個概念進入你的思維中。

42
第四宮
家

　　如果你的星盤是一張村莊的地圖，那麼第四宮就是你的大本營。我們早期的家庭生活會影響我們的庇護意識，以及我們是如何得出事情的結論的。

行動指引

　　回家，把它變成一個避難所。創造一個能更新

自己，能夠過上親密、真實生活的地方。家不只是一個實體的地址，更是一個情感的空間，兩種功能同等重要。

在物質的層面，現在可能是在實體領域進行翻新、重組或搬遷，或是與室友討論良性界限的時候。打造一個家，好在一天結束後，能讓你感到安全，得到完整的充電，讓你真的能遠離舞臺與人群，放下戒備並補充能量。

第四宮也可以是一種思鄉之情，或是對從未擁有過的家的渴望。如果你小時候沒有一座安全的庇護所，那現在就來打造一座。準備好進行內部的治療，針對家族業力的問題進行一些處理。與其回想過去自己被養育長大的經驗，不如轉而思考自己希望如何被養育，並藉此作為自我照護的典範。

在靈性的層面，打造一個冥想的所在，一個方便讓你從事靈修的避難所。探索自己的冥想深度。下降到你的丹田（hara）、到達你重力的中心，重新連結你下方的大地、你上方的天空與你內在的靈。

如果你詢問某個專案計畫，請檢查該計畫的地點是否良好。確保相關人員感到安全，並能保持工作與生活的健康平衡。

在所有層面上，制定一種健康的方法來完成計畫。要知道何時需要適度喊停。

挑戰訊息（當牌呈逆位）

讓你的家成為一個幫助你準備應對世界的避難所，而非一個讓你躲避世界的地方。

禮物訊息（當牌呈正位）

你靈魂深處的避難所和安全的環境能夠使你充飽電、煥然一新，找到自己的重心，讓你能夠重新迎接這個世界。

43
第五宮
熱情

　　如果你的星盤是一張村莊的地圖，那麼第五宮就是廣場上的露天咖啡館，那裡瀰漫著浪漫的氛圍，青少年相遇，孩子們在場邊奔跑。音樂悠悠飄揚，詩人傾訴文采。在這裡，人們願意冒險。第五宮代表我們透過風流韻事、浪漫、自我表達、創作過程、投資和表演的形式去愛。

行動指引

思考你的愛及渴望——任何能活化你內心的東西——並問問自己什麼是你所愛、可以和全世界分享的事物。第五宮要求你相信自己，受到啟發後付諸行動。

想想看，當你的藝術靈感與你一同嬉戲時，是什麼啟動了你所感受到的閃亮魔力。記起是什麼讓一段新戀情閃爍出第一道光芒，是什麼讓一段愛情的開端熠熠生輝。無論你多大年紀，你內心的青春期都會激發你的創作過程。為了培養這種火花，請保持童心，掌握那一時衝動的片刻，並允許想像力自由發揮。尋找一種充滿樂趣、創造力的冒險精神，以及鼓勵不斷探索、創新大膽的工作文化。這就是有趣的新點子的發源地。替伴侶關係打下良好的基礎，不要跳過求愛的階段；學習如何給彼此帶來歡樂，並在未來的歲月裡重新激發這種火花。

第五宮掌管創作，不論是藝術作品、愛情結晶或子女，都是創作的一部分。對孩子的渴望、一段愛情、一本書或雕塑的最初靈感，或是一首歌的第

一個音符，都可以是創作的火花。第五宮要求你冒險，你可能需要投注資源並規律創作，來顯化、達成你的所求。

挑戰訊息（當牌呈逆位）

　　把你內在的青少年帶出去玩耍，但要注意不要讓他陷入自我中心，被創造的快感（以及可怕的後果）所淹沒。

禮物訊息（當牌呈正位）

　　讓你的光芒閃耀；讓它成為獻給全世界的禮物。當前的使命是要去玩耍、創造，去愛、啟發別人，充滿光采。

44
第六宮
永續

　　如果你的星盤是一張村莊的地圖,那麼第六宮就代表中央廚房、健身房、診所和遛狗的公園。第六宮代表你的日常習慣:你的工作環境、你的寵物、你身心的連結,以及你如何照顧自己的健康。

行動指引

要更聰明地工作，而非更努力地工作。要避免功能失調，你需要永續的生態系統。要讓你的生活能夠永續；看看你在生活中投入的時間、資源、愛、關懷和汗水，評估你投入的是否與付出的一樣多，以及你得到的是否與投入的一樣多。投入和產出兩者要匹配——或許不是每天如此，但必須是每週或每月如此——否則你無法長期堅持下去。

第六宮代表你的日常工作領域，不一定是你的天職或夢想職業。如果你正在當服務生來支持你的演藝事業，那麼第六宮會涉及你的服務生工作，以及你為了實現夢想所做的努力。為你的夢想投入一些時間和精力，讓這兩條道路更加接近一致。

評估你的工作環境。除了金錢回饋與專業提升之外，大多數工作還提供了與他人靈魂碰撞的機會，一個化解業力並完善我們個性的舞臺。友誼有助於營造健康的工作環境；態度決定一切。

留意你把心思放在哪裡；緊張會變成慢性焦慮，從而損害健康。給你的心智一些值得做的事，

讓它不要只是在那邊空轉。查看你的日常習慣並提供自己良好的自我照護。讓健康食品變得美味，讓健康活動變得有趣。與狗兒玩耍，與野鳥交談。與動物相處能夠恢復你的精神，是非常好的心靈活動。

挑戰訊息（當牌呈逆位）

焦慮會讓你產生一種錯覺，以為你正在著手處理事情了，但只是假象。焦慮本身並不能在實際層面上解決任何事。

禮物訊息（當牌呈正位）

當你追求美味可口的食物、工作與生活的健康平衡時，你就能在生活中創造一個美麗且永續的生態系統。

45
第七宮
關係

如果你的星盤是一張村莊的地圖，那麼第七宮就是兩個平等的人親密或者密切接觸的地方，是你們在共進晚餐並欣賞日落的美麗陽臺。它關係到他人如何進入你的生活，以及你如何與他們互動，包括婚姻對象、商業夥伴、競爭對手、法律問題、重要顧問以及諮詢師。

行動指引

　　培養你的人際關係，而非考驗它們。將每一段
夥伴關係看作是你種下的一棵樹。這顆種子可能是
在第五宮所種下的一個靈感、一個感情的種子。現
在你有一棵具有潛力的樹苗。不要在那棵樹苗上建
造樹屋——它還無法承受重量。不要用期望來壓垮
它，而是要培育和保護它。

　　在任何關係中，都涉及了三者——你、你的
對象、那棵樹（也就是關係本身）——三者都有需
求，必須得到平等的尊重。為了關係而妥協，而不
一定是為了對方妥協。培育樹苗，保護它免受掠食
者的侵害，並滋養它的根，直到它長成一棵足以依
靠的大樹。

　　帶著好奇心和靈活度來釐清你的期望。如果
你獲得了商業合作的夥伴關係，請閱讀細則。卸下
你的包袱，了解任何影響你的夥伴關係的文化與家
庭背景，是超越誰對誰錯的，並在其中達成新的理
解。如果你們來自相同的背景，工作或愛情的夥伴
關係固然會更容易；但你們的差異性愈大，帶來的

多樣性就愈多，關係就愈有彈性。平等地為彼此貢獻，並慶祝你們之間的差異。

挑戰訊息（當牌呈逆位）

　　當你們在愛情或事業上齊心協力時，很容易將自己的權力交給伴侶／夥伴，或接管他們的權力。不平衡的關係可能會變得難以維持。

禮物訊息（當牌呈正位）

　　為你們夥伴關係的土壤施肥；用浪漫的表現或公平體面的安排，來餵養你的伴侶，滋養你的夥伴。記住：當你對另一個人的靈魂著迷時，他也會對你著迷。

46
第八宮
奧祕

　　如果你的星盤是一張村莊的地圖，那麼第八宮就位於紅燈區的轉角處，緊鄰太平間、儲蓄和貸款銀行。這裡是私人住宅，我們在此處理不在公共場合談論的事情：性、死亡、債務、貸款、通靈現象。在這裡，我們討論他人的資源，還有我們如何交換金錢、身體等資源，以及我們如何繼承接納他

人的物品、精神與價值觀。這個宮位可能會讓人不舒服，但這裡是我們能夠進行蛻變的地方。

行動指引

　　評估你和其他人之間，與重要資源（如性、金錢和遺產）相關的權力動態。請注意親戚或老闆是否扣留你的錢財，好讓你乖乖聽話，或是你和伴侶是否拒絕性生活，直到其他的需求獲得滿足。你必須清楚是否有人在幕後操縱，並嘗試以良好、明確的界限來矯正目前的失衡狀態。

　　真誠面對自己的欲望，主動出擊或給出暗示。奇特的性關係、不尋常的財務安排，並非絕對有問題。如果你了解自己的與眾不同，而且不會反被其限制束縛，那麼它們就是你的一部分，能為你所用。金融投資者和顧問、諮詢師、部會首長、性工作者、直覺者、智囊團、拍賣師與調查員都與第八宮的事務有關，如果他們帶著誠信工作，就會富有成效。

　　開發你的第二宮資源——你自己的金錢、價值

感與對身體的自信——來強化你的權威和討價還價的能力，以優雅的姿態優游於這個領域。好好利用到手的資源，記得一切都要出自你自己的判斷。

第八宮召喚你去意識到每個人終有一死，我們都應該在有限的生命中活出完整的自己。

挑戰訊息（當牌呈逆位）

扣留愛、權力或金錢來操縱別人，乍看之下或許誘人，但當其他人也牽涉局中，一起拉動這些鎖鏈時，你就很難置身事外了。

禮物訊息（當牌呈正位）

直面你最深的恐懼，並跨過它、走出去——感受那種解放。當你就是不上鉤，操控的陷阱就會自然消失。

47

第九宮
探索

　　如果你的星盤是一張村莊的地圖，那麼第九宮就是國際機場、大學或廣播塔。第九宮是最原始的全球資訊網（World Wide Web）；它代表我們的高等教育、遠行、國際交流、哲學，以及我們是如何透過這些來拓展我們的世界。

行動指引

　　去探索。走出你的舒適圈，看看你熟悉的同溫層之外還有什麼東西。走進一個新的國家，嘗試一種新鮮的角度看待世界，讓自己沉浸在新的知識體系中，或去接觸一個新的靈性哲學。

　　你很難意識到你周遭的同溫層以及你的經驗所形塑的死角，除非你後退一步，客觀回顧你的社會經濟條件、家庭環境、交友圈和教育程度，並勇於面對「你的種族、你的階級、你的文化就是一切」的無意識假設。你需要培養一個真正多元化的視角，並了解真正的多元化（無論在人際關係、生態系統或企業中）能夠增加群體整體的強韌與健康程度。

　　讓自己再走更遠一點：如果你是一位都市旅人，那麼此時可以嘗試小鎮生活，這可能會使你備感親切。閱讀來自世界各地的哲學著作與靈性經典。一旦你完成這些，試著以演說家、作家、旅人、教師或網紅的身分，與世界分享你所學到的東西。喚醒這個世界吧。

挑戰訊息（當牌呈逆位）

　　當你終於突破疆界、看見遙遠的地平線時，這充滿無限可能性的興奮感，很可能會讓你遺忘了身邊熟悉的人。要記得，兩者都很重要。

禮物訊息（當牌呈正位）

　　打開你的視野，拓寬你的世界；探索你的思想、身體與靈魂。去教導你所知道的事物。這個世界在等著你。

48
第十宮
權威

如果你的星盤是一張村莊的地圖,那麼第十宮的風景將是法院、政府機關和你的公眾形象。這裡是你對外的形象、你與權威人士的關係,以及你作為領導者角色的舞臺。

行動指引

你被要求挺身而出，承擔更高級別的責任。要打造任何事物，都需要一張清晰的藍圖，現在請你審視你對強而有力的領導者的定義，然後確認是否需要調整這個定義。回想小時候你對父母、校長、警察與老師的感受，他們是否有明智履行自己的責任，並鼓勵你發展自己的責任？或你是否需要反抗他們，才會感到安全？回顧你與權威人士之間的關係，它有給過你安全感嗎？並確認自己是否有必要繼續恐懼它、憎恨它或刻意遺忘它。

過往的模式會影響你對所有權威單位的反應，也會影響你自己成為父母、專業人士或領導者之後的態度與作為。區分有哪些特質值得效仿，而哪些特質不值得效仿。摒棄那些不再適合你的手段與概念。權威不再是別人所擁有的東西，而是你內在發展出來的東西。負起責任，療癒舊傷，自我培力，創造新的藍圖。若有必要，斥責那些濫用權力的人，可以當面，也可以在你治療的過程中，或是在你燒掉的信中。入手你需要的培訓及認證。在心中列出你欣賞的典範領袖：他們是否都以培力的方式

來進行領導？

　　為自己塑造一個有能力、負責任、受人喜愛，又願意培力他人的權威形象。好好進入這個角色，充滿自信地成為你團隊或家庭的支柱。

挑戰訊息（當牌呈逆位）

　　對真正的領導人來說，恃強凌弱的人不過是東施效顰。小心不要把支配他人的權力，誤認為自己內在的真正力量。

禮物訊息（當牌呈正位）

　　無論你處在人生的哪個階段，現在是時候再往前一步，登向領導力與事業成就的下一個山峰。

49
第十一宮
社群

　　如果你的星盤是一張村莊的地圖，那麼第十一宮就是社區中心、里民服務處，這裡備有小型會議用的會客室，也有大型聚會用的大廳，等待鎮上各界人士的造訪。第十一宮是人們拜會老朋友、結交新朋友的地方，也是團隊成員為了共同利益合作打拚、同樂歡唱的所在。我們所有的共同經驗都匯聚

於此：開會、集結、遊行抗議、上課體驗以及節慶活動等等。

行動指引

　　在你的社交圈、同好圈和工作團隊中，尋找你問題的答案。享受團隊帶來的活力。在工作中，思考如何組建一支團隊，使成員們技能互補、又能相互尊重。思考如何使會議充滿活力且充滿效率。

　　注意你如何受到團體價值觀的影響，以及這個團體獨有的文化氛圍。如果你真心喜歡自己在他們面前的樣子，那就參與吧。如果你覺得孤單，可以加入某個同好會，認識和你有相同興趣嗜好的人。如果你正感到痛苦，可以加入一個能夠與你一同冥想、祈禱、提升自己的圈子。如果你個人的冥想練習不順利，請考慮在禪修中心等可以讓你進入集體冥想的團體中練習。

　　若想改善你的愛情生活，首先你必須加深你們的友誼。建立穩定交友圈，滿足你的一般社交需求，藉此減輕浪漫關係的壓力。允許戀情以它自己

的步調展開。誠實向朋友表達自己的理想型，朋友或許可以推薦給你一個好對象。在穩定交往的關係中，愛情可能是浪漫的，但你必須以友誼的方式和對方累積許多共同的經歷，來強化對彼此的信任。

挑戰訊息（當牌呈逆位）

　　群體思維可能會讓你偏離你真正想前往的目標，或是讓你缺乏與某人一對一專注談心的時光。多為自己著想吧。

禮物訊息（當牌呈正位）

　　健康的社群和強大的團隊，是由一群獨特的個人所組成的。

◆ 位置 宮位

50
第十二宮
反思

　　如果你的星盤是一張村莊的地圖，那麼第十二宮就是最安靜的地方。日出後的太陽位於第十二宮，這是祈禱和冥想的時間，是實現我們內心深處夢想的時間。第十二宮是內在小孩的世界，它既是你想逃進去的仙境，也是你床底下的怪物世界。

行動指引

　　反思一下。眼下狀況很複雜，因此在採取行動之前，一定要先搞清楚背後的前因後果。找出私人的動機、隱匿的敵人和意想不到的同盟。花時間獨處，傾聽你的內心。

　　第十二宮要你思考：無人注視時的你是誰？同時也讓你明白：你的命運，與其他眾生的命運密不可分。若拿神聖當作一個人來比喻，我們則都是祂身體中的細胞。你必須照顧好自己、照顧好你的每個細胞，尊重你自己，這點很重要。你也必須承認，你是在一個有機體中工作，這個有機體是你的家庭、你的文化，而它也是宇宙中所有造物的一部分。如果你只顧自己而罔顧他人，你就會成為宇宙中的癌症，給這個偉大的身體帶來疾病。但如果你否認自己的獨特性，你也無法完成你人生的使命。

　　這兩種面向的事實都是清晰而真確的，轉換視角，我們就能見到——你確實獨立存在，而你也是集體的一部分。迷失在一體性中，對團體、對宗教過度認同進而忽視個人健康，是不切實際的。然

而陷入孤立、單細胞的思維模式，也會引發痛苦不幸。靈修可以幫助你在獨處和連結的狀態（與彼此、與某項事業或與神的連結）之間找到一個健康的中間點。扎根接地，才能使你回到你的正確道路上。

挑戰訊息（當牌呈逆位）

在被群體淹沒以及孤立無援之間，很難找到一個健康的平衡點。第十二宮要求你面對自己的恐懼。

禮物訊息（當牌呈正位）

在安靜的祈禱、冥想與充滿狂喜的創作時刻，感受與源頭之間的深厚聯繫。你會知道：你並不孤單。

51

合相

聯盟

　　當兩個天體合相時，它們會緊密共舞。它們會一起工作，融合彼此的意義和目的，然後開始一個新的關係週期。太陽和月亮在新月時期合相。但是，由於太陽過於巨大，它有其特殊的規則。與太陽相比，行星太小，因此當它們靠近太陽時，在距離太陽8°的範圍內，它們的能量幾乎會被燃燒殆

盡，失去個體的能量。然而當任何行星恰好與太陽合相時，該行星的力量就會在太陽的中心融合並增長。這種合相告訴我們，當我們與別人一起努力協作時，只要我們不消失在別人的熱情與光芒中，我們一定能變得更強大。

行動指引

　　共謀發展。尋找支持你想法的人和盟友，因為這不是單打獨鬥的時刻。把有不同技能的夥伴帶到你的計畫中，找到最好的朋友來聊聊你的擔憂，或是啟動新的合作關係。當你與他人交流想法時，觀察能量是否正在逐漸蓄積、堆疊。

　　在這個過程中，你只需要照顧好自己的能量場和想法。如果你已經與朋友、老師或同事協作，或是正在考慮協作，請注意什麼事物能夠增強你的力量，以及你何時該後退一步、不過度栽進這個協作關係，保留你的主體性，找出你自己獨特的做事方法和技能。一個具有太陽般性格的人很迷人，他溫暖、光芒萬丈，但有時會讓人筋疲力盡──你要注意自己不要被他燃燒殆盡。

現在也可能是時候，你必須將你的生活與他人的生活結合起來。詩人里爾克曾說：「愛是：兩份孤獨，互相保護，互相撫慰，互相致敬。」讓這次合作，成為兩個人或更多人的平臺，當每個人都能為彼此帶來禮物和挑戰時，這種合作關係就能產生最大的價值、發揮最大的作用。

挑戰訊息（當牌呈逆位）

保持警覺，尤其是對那些要求你縮小自身以適應團體、不看重你個人成長的關係。

禮物訊息（當牌呈正位）

一加一大於二，結合所帶來的，會比各個部分的單純總和還要大。

52
三分相／六分相
共生

　　三分相和六分相的行星能優化合作關係，它們相互支持、彼此打氣，為各自的角色增添力量和價值。三分相的兩顆行星，彼此間隔圓周三分之一的距離，形成 120°的夾角。六分相則是一半，形成 60°的夾角。三分相的行星在星盤中落於相同元素的黃道星座：火、土、風或水，並使用該元素的語

言來展現能量。六分相的行星落於具有相同的極性的黃道星座上（陽性或陰性），但其星座的模式不同（基本、固定或變動）。它們就像支持彼此、溝通順暢、不互相競爭的好朋友。

行動指引

　　向那些簡單、舒適的事物靠攏，並利用這種舒適感來成長、舒展、為自己充電。尋找與你的想法合拍，或技能兼容且互補的人。與你的盟友合作。透過想法與技能上的協作，做你喜歡的事情，按部就班地擴展你的世界。能推動計畫的關鍵，就在某人手中，找到他並邀請他進來協助。投資那些工作態度良好、成效卓越的人們。

　　與真正了解你的家人和朋友進行互動。探索你與所愛之人的共通之處，並專注於這一點，而非你們之間的差異，並以此為基礎，加深關係。在你喜歡的景色中漫步，從當中發現的事物中學習。用一種新樂器來演奏你最喜歡的音樂。將你的注意力放在能量容易流動的地方、能夠找到支持的地方、存在著熱情的地方。有機地成長。

當生活遇到困境時，與朋友共進晚餐、談笑風生、放鬆心情、放下戒備，是一劑良藥。與一個理解你的世界觀、不需要向他們解釋自己的人談論問題，是不可多得的安慰。輕鬆的時刻，能夠讓我們為未來更大的挑戰做好準備。

挑戰訊息（當牌呈逆位）

阻力最小的道路令人愉快，但卻無法讓你進步。不要陷入一成不變的舒適中。

禮物訊息（當牌呈正位）

互相扶持並成長。此刻的舒適感，能夠幫助我們累積力量與資源，面對日後的困難與艱鉅任務。

53
對分相
對質

　　當兩顆行星在黃道的圓周上對分時，就像太陽與月亮在滿月時一樣，兩顆行星要不是落於陽元素（火和風）的星座，就是落於陰元素（水和土）的星座，如同摔跤比賽的夥伴，在地球的另一端直盯著對方。對分帶來一種挑釁或挑戰的能量，讓人宛如置身新兵訓練營。這種抗衡拉鋸的能量，會促使

每個人成長。

行動指引

　　這不是一個舒服的情況，但這不是重點。你正面臨成長的挑戰。把這種情況視為在道場中練習，大方在場中接受訓練。你不必屈服於和你對打的對象，但你可以信任這個鍛鍊模式的背後，來自一個偉大的宇宙智慧。持續練習你最好的技能，保持專注，謀定而後動，別讓激動的情緒掌控你。聆聽、接納那些能幫助你改進的建議。道路上之所以有障礙，不是為了阻止你前進，而是為了推動你走向個人的最佳狀態。

　　眼下情況形成一種二元對立或二選一的局面：愛情或工作，你的想法與他們的想法。你必須去破除這種對立的幻象，尋找第三種解決方案，用「兩者兼得」取代「非此即彼」。

　　如果前進的道路確實受阻，那就走另一條路。有時候對分相（特別是在行運時）明確顯示出：你不可以走這條路。尋找另一條路線吧。

對分相鞭策你繼續前進。你必須確定這條路是否值得奮鬥。如果是的話,請培養技能,堅持自己的立場,為自己的信念而戰。你需要向自己和他人證明:你擁有支撐你踏出下一步的技能。

挑戰訊息(當牌呈逆位)

眼下是成長的機會,雖然麻煩,但不是一種懲罰。現在你必須決定:要繼續鍛鍊自己,還是要另闢新路。

禮物訊息(當牌呈正位)

如果你能夠從最高的自我出發,以智慧體認當下局勢,嚴格要求自己從中成長,現況就能為你提供一個消解業力的機會。請堅守正道。

◆ **模式** 挑戰相位

54
四分相／八分相／補十二分相
緊張

　　這三個相位是不舒適的，它們具有潛在的對抗性，促使我們在調和不同觀點的過程中成長。四分相就像兩匹馬以垂直方向拉鋸，或是兩輛汽車在十字路口相撞——各種人事物與各自的需求，發生碰撞與緊張的拉扯。兩顆夾角90°且模式相同（基本、固定或變動）的行星形成四分相，兩顆夾角

45°的行星形成八分相。兩顆夾角150°的行星則形成補十二分相（梅花相），這兩個行星既沒有相同極性、模式，也沒有共同的元素。

行動指引

人生就是一場鍛鍊。這個階段需要你強筋健骨，可能還需要學點雜耍，耐心協調各方人士相互衝突的需求。你可能會感覺有兩條道路在拉扯著你，逼你趕快做出二選一的決定——但只要你把握好時機與節奏，或許你有辦法兩全其美。

與具有不同心態、技能和背景的人一起工作，勢必充滿挑戰，但從長遠來看，歷史一次次證明，這樣的合作才是最有成效、最能留下豐富且充實的經驗。首先，你必須找出最好下手的點，也就是每個人都已經達成共識的事，然後從那裡開始發展建構你的藍圖。尊重差異性，並持續尋求擴展。

讓現況為你畫出一張曼陀羅。曼陀羅由各種交錯的元素，以和諧的方式組成。這些看似衝突的元素能夠相互填補，共同譜出美麗的整體。將這個圖

像帶入你的心靈，以此當作你與對方互動時的精神典範。

　　你需要努力面對這些緊張的相位，而不是逃避。如果你把孵化完成的小鳥從蛋中取出，讓牠不用為了破殼而掙扎，牠就不會培養出牠生存所需的力量。蝴蝶需要費力破繭而出，才能讓翅膀產生血液循環進而飛翔。現況會確實增強你的實力；準備好起飛吧。

挑戰訊息（當牌呈逆位）
　　這是一場對身體、思想或精神的鍛鍊，過程可能會相當累人。

禮物訊息（當牌呈正位）
　　藉此機會增強實力，同時學習調和內心的衝突。當你學會解決內在的衝突，解決外在的衝突就會變得更容易。

55
行運
氣候

　　行星一直在移動,當這些行星當下的位置彼此產生關連時,就會產生所謂的行運,也就是行星過運:影響我們所有人當天運勢的占星氣候狀況。當一顆移動中的行星與你本命盤中的某顆行星產生關連時,那顆行運的行星就像一位客人進入你的房子,坐在你的廚房裡,或躺臥在你的客廳裡;它啟

動了你某個原本就存在的特質。比方說,當那顆行運的行星與你的火星對話,它會激發你的戰士本性,以及戰/逃的反應。如果它與你的月亮交談,它就會開啟一個故事,講述你的家、你的家人以及你如何滋養自己的種種。

行動指引

現況正在不斷變化中,周遭的一切也正不斷發生變化。保持警戒並準備好應對即將到來的危險和事件。有些人正要出現,而有些人正準備離去。新的機遇開啟,舊的篇章結束。聽取小道消息,了解人事或經濟狀況的變化。你無法控制這些元素,但你可以充分利用這些資訊,與命運一同共舞。

正要走進你生命的人,將為你帶來重要的業力;這段關係可能會持續很長一段時間,要不就是非常短暫、快速俐落,給你上了寶貴的一堂課。建議你在此時查看本命盤中的行運,會很有幫助。

這張牌的能量所暗示的事件可大可小。行運可能會引發你周遭人士的微小變化,也可能暗示一場

完全改變你生活方向的巨變。當外界狀況變化不斷時，你可以祈求宇宙的恩典與指引。

挑戰訊息（當牌呈逆位）

　　一切都不按牌理出牌。現在你無法控制什麼人事物將出現在你的生活中，這可能會令你非常恐慌。

禮物訊息（當牌呈正位）

　　生活就像是一場不斷行進的馬戲團，你無法控制生活中出現的人事物，但要知道：你可以控制自己對生活的反應。做出明智的選擇吧。

◆ 模式 變化狀態

56
推運
旅程

　　行星一直在移動。當你出生時，當下那一刻的模式會留在你的性格中，而這些在你的本命盤中都能看見。但行星一直在移動，它們最初幾個月的運行過程，也會在你的生命中留下印記。光靠這些運行過程，就可以勾勒出你人生宏大而全面的旅程光景。在你的餘生中，你大約以一年對比一天的速度

生活在這種模式中。你無法選擇你將經歷的光景，但你永遠可以選擇你的應對方式。

行動指引

推運並非轉瞬即逝，而是指巨大的業力命運，它是你靈魂的旅程。你的現況在短期內可能看不出前因後果為何，因為它與更巨大的業力模式息息相關（以及它們如何與世界進步的業力模式相會）。

退後一步，看看你的人生旅程。回顧你與這世界打交道的這些年，以及你需要時間整理、面對自己的那些年。你可以畫出一條時間線，整理出你過往人生的高低起伏是否有個週期，並看看現在的你，在那全面的週期圖中處於什麼位置。

眼下情況可能讓你誤以為一切都是命中注定，感到渺小且無力，但真相並非如此。即便你在過程中會感到不舒服，但你始終是有選擇權的，能夠選擇自己要如何應對這狀況，以及未來你將前往何處。

此刻的引導與協助：請你想像，你在生命結

束時想要到達的地方（一個遙遠的地點、身分位置），然後回首此刻。你的感受是如何？讓這個想像中的未來，成為指引你的燈塔。即使過程中你可能不得不穿越重重礁石、與潮汐共舞，也要讓這燈塔持續引導你。

挑戰訊息（當牌呈逆位）

眼前的事件並非偶然，而是巨大命運之輪的其中一個小齒輪。你所做出的每一個選擇，都有可能改變事情的發展方向。

禮物訊息（當牌呈正位）

信任潮汐，揚帆起航吧。

致謝

感謝我在賀氏書屋的優秀編輯們：派翠西亞·吉芙特（Patricia Gift），她邀請我撰寫本書，還有艾莉森·珍妮絲（Allison Janice），她耐心指導我完成這個任務。感謝創意藝術家盧卡斯·盧雅迪蘇薩（Lucas Lua De Souza），他將我的想法化作現實，感謝崔西亞·布萊登索（Tricia Breidenthal）、茱莉·戴維森（Julie Davison）和所有指導這些圖像成形的藝術天才。我的感激之情獻給所有為這副牌工作的人。

關於作者

希瑟・羅恩・羅賓斯（神學碩士）

　　擁有超過 40 年經驗的儀式師、占星師與手相師，風格以實用、直覺為導向。她每週在美國新墨西哥州首府聖塔菲周報 *Santa Fe New Mexican* 更新占星術專欄＜星碼＞（Starcodes）。著有實用工具書《成為自己的月相師》（*Be Your Own Moon Astrologer*）和《成為自己的手相師》（*Be Your Own Palm Reader*）。致力於星座知識推廣，聯合執導 PODCAST 節目 Access Astrology（探訪占星學）。海瑟住在蒙大拿州（她的配偶在薩利什一庫特奈學院任教），並持續在蒙大拿州、明尼蘇達州、紐約和新墨西哥州教授占星學、手相與直覺藝術。

官方網站：www.roanrobbins.com

關於藝術家

盧卡斯・盧雅迪蘇薩

　　紋身藝術家，來自巴西，現居澳洲墨爾本。盧卡斯從小就喜歡畫畫，一天總花上好幾個小時畫畫，不論是在上課時間或放學時間。他想做的就是找到自己的風格並臻於完美。當母親在他生日的時候送給他第一把紋身槍時，他的生活永遠改變了。在家人和朋友的鼓勵下，盧卡斯投入了紋身的行業。他沒有接受過正式的培訓，也沒有在紋身方面當過學徒。他從頭到尾都靠自學，並在數年裡成為專家。最重要的是，他認定自己是一個藝術家。

官方網站：www.lucaslua.com

Instagram：@lucassouzattoo

STARCODES
ASTRO
ORACLE

千年占星學，帶你做出人生決策
承接星宇能量，取得你的重要答案

每一張牌，都是一種占星元素，
代表一種獨特的星宇能量，
能對應你目前遇到的問題。

希瑟‧羅恩‧羅賓斯（神學碩士）

擁有超過 40 年經驗的儀式師、占星師與手相師，風格以實用、直覺為導向。

她每週在美國新墨西哥州首府聖塔菲周報，更新占星術專欄＜星碼＞（Starcodes）。著有實用工具書《成為自己的月相師》*Be Your Own Moon Astrologer* 和《成為自己的手相師》*Be Your Own Palm Reader*。致力於星座知識推廣，聯合執導 PODCAST 節目 Access Astrology（探訪占星學）。海瑟住在蒙大拿州（她的配偶在薩利什一庫特奈學院任教），並持續在蒙大拿州、明尼蘇達州、紐約和新墨西哥州教授占星學、手相與直覺藝術。

suncolor
三采文化

建議陳列書區：生活風格、心靈成長

定價NT$1280

9 786263 581760   01280

三采書碼107030101039

中文詳解專書＋牌卡＋絲絨袋 不分售

國家圖書館出版品預行編目資料

占星神諭 決策指引卡 / 希瑟・羅恩・羅賓斯 (Heather Roan
Robbins) 著；盧卡斯・盧雅迪蘇薩 (Lucas Lua De Souza)
繪；安德魯譯. -- 臺北市：三采文化股份有限公司，2023.10
　　面；　公分. -- (Spirit 身心靈；39)
譯　自：Starcodes astro oracle : a 56-card deck and
guidebook.
ISBN 978-626-358-176-0(平裝)

1.CST: 占卜

292.96   112013063

Spirit 39

占星神諭 決策指引卡

作者｜希瑟・羅恩・羅賓斯（神學碩士）Heather Roan Robbins, M.Th.

繪者｜盧卡斯・盧雅迪蘇薩 Lucas Lua De Souza

譯者｜安德魯　主編｜喬郁璠　版權副理｜杜曉涵

美術主編｜藍秀婷　封面設計｜莊馥如　內頁排版｜顏麟驊

發行人｜張輝明　總編輯長｜曾雅青　發行所｜二采文化股份有限公司

地址｜台北市內湖區瑞光路 513 巷 33 號 8 樓

傳訊｜TEL: (02) 8797-1234　FAX: (02) 8797-1688　網址｜www.suncolor.com.tw

郵政劃撥｜帳號：14319060　戶名：三采文化股份有限公司

本版發行｜2023 年 10 月 27 日　定價｜NT$1280

STARCODES ASTRO ORACLE
Copyright © 2021 Heather Roan Robbins
Originally published in 2021 by Hay House UK Ltd.
Complex Chinese edition © 2023 by Sun Color Culture Co., Ltd.
This edition published by arrangement with Hay House Inc. USA through Bardon-Chinese Media Agency.

關於譯者

安德魯

曾任出版社編輯。深受新時代導師露易絲‧賀的啟發，相信深層的情緒療癒和自我照護能協助喚醒內在的力量。期許自己將更多的正能量帶給追求靈性成長的個人、企業、非營利組織和助人工作者。譯有《脈輪智慧指引卡》、《星際種子神諭卡》、《月亮顯化神諭卡》、《茶葉占卜卡》、《玫瑰神諭真愛指引卡》與《智慧神諭生活指引卡》。

凡你所問，皆能回答

THE
ROSE
ORACLE

玫瑰神諭
真愛指引卡
~ 中文詳解專書 ~

芮貝卡‧坎貝爾 Rebecca Campbell‧著　凱蒂 - 露易絲 Katie-Louise‧繪　安德魯‧譯